Mark Rothko
Schriften 1934–1969

Mark Rothko
Schriften 1934–1969
Essays | Briefe | Interviews

Herausgegeben von Miguel López-Remiro
Deutsch von Tarek Goldmann

Verlag Kurt Liebig

Die amerikanische Originalausgabe erschien unter dem Titel:
Mark Rothko: *Writings on Art* bei Yale University Press, 2006
Copyright © 2005 Éditions Flammarion, Paris
Copyright der Schriften Mark Rothkos: © 2006 Kate Rothko Prizel and Christopher Rothko

Deutschsprachige Erstausgabe, 1. Auflage 2008
Copyright der deutschen Ausgabe © 2008 Verlag Kurt Liebig
Alle Rechte vorbehalten, auch das der photomechanischen Wiedergabe

Fotocopyrights:
Henry Elkan: Umschlag
Kurt Blum: Seite 3, 66, 163, 191 und Umschlagrückseite
Regina Bogat: Seite 16 und 144

Abbildung Seite 3: Mark Rothko, 1962, New York; Foto: Kurt Blum

Gestaltung: Kurt Liebig
Korrektorat: Tanja Dittrich
Gesamtherstellung: Schwarz auf Weiss, Freiburg
Printed in Germany
ISBN 978-3-938715-03-1

www.verlag-kurt-liebig.de

Inhalt

   6 Einführung
 15 Anmerkung für den Leser
 15 Danksagung

1934–1938

 18 Ein neuer Unterricht für zukünftige Künstler und Kunstliebhaber, 1934
 22 Notizheft, ca. 1934
 34 Skizzenheft, ca. 1934
 36 The Ten: Whitney-Abtrünnige, 1938

1941–1949

 38 Eine vergleichende Analyse, ca. 1941
 43 Der ideale Lehrer, ca. 1941
 46 Angeborenheit, ca. 1941
 49 Die Befriedigung des kreativen Impulses, ca. 1941
 51 Entwürfe eines Leserbriefs, verfasst von Mark Rothko und Adolph Gottlieb, 1943
 57 Rothkos und Gottliebs Leserbrief, 1943
 60 Das Porträt und der moderne Künstler, von Mark Rothko und Adolph Gottlieb, 1943
 65 Bemerkungen zu „The Omen of the Eagle", 1943
 67 Autobiographische Skizze, ca. 1945
 68 Brief an Emily Genauer, 1945
 69 Ich halte mich an die Wirklichkeit der Dinge, 1945
 70 Persönliche Stellungnahme, 1945
 71 Leserbrief an die *New York Times*, 8. Juli, 1945
 72 Brief an Barnett Newman, 31. Juli, 1945
 73 Einführung zu First Exhibition Paintings: Clyfford Still, 1946
 74 Brief an Barnett Newman, 17. Juni 1946
 75 Brief an Barnett Newman, August 1946
 77 Brief an Barnett Newman, 19. Juli 1947
 78 Brief an Herbert Ferber, ca. Herbst 1947
 80 Brief an Clay Spohn, 24. September 1947

82	Die Iden der Kunst: Zehn Künstler erklären ihre Einstellung zu ihrer Kunst und Zeitgenossenschaft, 1947
83	Die Romantiker fühlten sich aufgerufen, 1947
86	Brief an Clay Spohn, 2. Februar 1948
88	Brief an Clay Spohn, 11. Mai 1948
89	Brief an Barnett Newman, 27. Juli 1949
90	Brief an Clay Spohn, 5. Oktober 1949
91	Stellungnahme, 1949

1950–1959

92	Brief an Barnett Newman, 6. April 1950
94	Brief an Barnett Newman, 30. Juni 1950
95	Brief an Barnett Newman, 26. Juli 1950
96	Brief an Barnett Newman, 7. August 1950
98	Brief an Barnett Newman, August 1950
100	Wie Architektur, Malerei und Bildhauerei sich kombinieren lassen, 1951
101	William Seitz, Notizen eines Interviews, 22. Januar 1952
107	Brief an Herbert Ferber, 19. August 1952
109	Brief an Herbert Ferber, 2. September 1952
110	Brief an Lloyd Goodrich, 20. Dezember 1952
112	William Seitz, Notizen eines Interviews, 25. März 1953
114	William Seitz, Notizen eines Interviews, 1. April 1953
117	Brief an Katharine Kuh, 1. Mai 1954
118	Brief an Katharine Kuh, 14. Juli 1954
120	Brief an Katharine Kuh, 28. Juli 1954
122	Brief an Katharine Kuh, ca. August 1954
123	Brief an Petronel Lukens, 18. August 1954
124	Brief an Petronel Lukens, 12. September 1954
126	Brief an Katharine Kuh, 20. September 1954
127	Brief an Katharine Kuh, 25. September 1954
129	Brief an Katharine Kuh, 27. September 1954
130	Brief an Katharine Kuh, 20. Oktober 1954
131	Brief an Katharine Kuh, 23. Oktober 1954
132	Brief an Katharine Kuh, 29. November 1954
133	Brief an Katharine Kuh, 11. Dezember 1954
134	Brief an Petronel Lukens, 16. Dezember 1954
135	Brief an Katharine Kuh, ca. 1954
136	Denkt man über das Wesen der Kunst nach ..., ca. 1954

138	Das Verhältnis zu meiner eigenen Vergangenheit, ca. 1954
139	Raum in der Malerei, ca. 1954
140	Brief an Katharine Kuh, 11. Januar 1955
141	Brief an Herbert Ferber, 7. Juli 1955
145	Brief an Herbert Ferber, 11. Juli 1955
147	Brief an Lawrence Calcagno, 1956
148	Selden Rodman, Notizen eines Gesprächs, 1956
150	Brief an Herbert Ferber, 18. März 1957
152	Brief an Rosalind Irvine, 9. April 1957
153	Leserbrief an *Art News Annual*, 1957
154	Vortrag beim Pratt Institute, November 1958
159	Brief an Ida Kohlmeyer, ca. 1958
160	Brief an Herbert Ferber und Bernard Reis, 11. Juni 1959
162	Brief an Elise Asher und Stanley Kunitz, Juli 1959

1951–1969

164	Brief an Milton Avery, 1960
165	Karteikarten, ca. 1950–1960
167	Brief an die Whitechapel Gallery, 1961
170	Ein Gespräch mit Mark Rothko, 1961
171	Brief an Herbert Ferber, 1962
172	Zum Gedenken an Milton Avery, 7. Januar 1965
174	Brief an Bernard Reis, 1966
175	Brief an Norman Reid, 1966
176	Brief an Herbert Ferber, 7. Juli 1967
178	Brief an Herbert Ferber, 19. Juli 1967
179	Brief an Elise Asher und Stanley Kunitz, 1967
180	Annahme der Ehrendoktorwürde von der Yale University, 1969
181	John Fischer, Im Lehnstuhl: Mark Rothko, Porträt des Künstlers als zorniger Mann, 1970
192	Chronologie
202	Index

Einführung

Obwohl Rothko zu den bedeutendsten Künstlern des 20. Jahrhunderts gehört, lagen bisher nur einzelne seiner Schriften vor – ganz im Gegensatz zu dem Vermächtnis vieler seiner Zeitgenossen, die wie Rothko zu der New York School gehörten – darunter Robert Motherwell, Barnett Newman oder Ad Reinhardt – deren Schriften weitgehend bekannt sind. Es entstand die Vorstellung, Rothko habe nur wenige Texte und Essays geschrieben. Und da die meisten der bisher bekannten Texte aus der Zeit vor seiner Hinwendung zur Abstraktion stammen, wird das scheinbare Schweigen als persönlicher Verzicht auf das geschriebene Wort gedeutet, als wäre Schweigen Teil seiner abstrakten Kunst gewesen.

In Wahrheit schrieb Rothko jedoch in allen Phasen seines künstlerischen Lebens. Das Erscheinen von *The Artist's Reality* (dt. *Die Wirklichkeit des Künstlers*)[1] im Jahr 2004, das als Manuskript sechzig Jahre lang unveröffentlicht blieb, ist ein sinnfälliges Beispiel dafür. Der Vorstellung, dass Rothkos abstrakte Phase von Schweigen begleitet war, macht die vorliegende Textsammlung ein für alle Mal ein Ende: Die Hälfte der in diesem Buch versammelten Texte wurde nach 1950 geschrieben, also in der Zeit, in der er sich mit abstrakter Malerei beschäftigte.

Nur wenige seiner Zeitgenossen stellen ein so profundes Wissen von Kunst und Philosophie unter Beweis wie Rothko in seinen Schriften. In *The Artist's Reality* hat man es vor allem mit einem theoretischen Text zu tun, ohne biographische Bezüge. Wie Christopher Rothko in seinem einleitenden Essay hervorhebt, spricht sein Vater in dem ganzen Text nicht ein einziges Mal in der ersten Person Singular. Entstanden um 1940, zu einer Zeit also, da sich ein künstlerischer Durchbruch ankündigte – die Erkenntnis der Grenzen der gegenständlichen Kunst und der Beginn einer Bewegung zur Abstraktion hin –, gibt *The Artist's Reality* Zeugnis von einer Phase intensiver Reflexion. Aber auch in den vorliegenden Texten wird dies deutlich:

Meine letzten Arbeiten aus dieser Phase wurden 1939 von J. B. Neuman in seiner Galerie gezeigt. Kurz darauf kam ich zu der Überzeugung, dass diese Richtung den Ausdruck meiner Möglichkeiten und Vorlieben begrenzen würde. Ich hörte auf zu malen und verbrachte fast ein Jahr damit, sowohl durch Schreiben als auch durch Studium meine Ideen über Mythos und Anekdote, die Grundlage meiner gegenwärtigen Arbeit, zu entwickeln. Dies ist die erste umfassende Ausstellung meiner Arbeiten zu diesem Thema. [2]

Gegen Ende der dreißiger und zu Beginn der vierziger Jahre machten Mitglieder der New York School die Bekanntschaft mit Malern der europäischen Avantgarde, die während des Zweiten Weltkriegs als Exilanten in die Vereinigten Staaten gekommen waren. In den Jahren zwischen 1939 und 1941, in einem Klima des Gedankenaustauschs und des Studiums, schrieb Rothko *The Artist's Reality*. Gleichzeitig veränderte sich sein Malstil vom Figurativen zum Surrealismus. Rothko hörte auf, die menschliche Gestalt zu malen, obwohl er das Symbol erhalten wollte:

Ich gehöre einer Generation an, die sich mit der menschlichen Gestalt befasst hat, und ich habe sie gründlich studiert. Mit großem Widerstreben musste ich erkennen, dass sie meine Erfordernisse nicht befriedigte. Wer sie verwendete, versehrte sie. Niemand konnte eine menschliche Gestalt malen, wie sie war, und dabei das Gefühl haben, dass er etwas hervorbrachte, das die Welt ausdrückte. Ich weigere mich, die Dinge zu versehren, und musste andere Ausdrucksmittel finden. Eine Zeitlang benutzte ich die Mythologie und setzte verschiedene Geschöpfe ein, die zu intensiven Gesten fähig waren, ohne dass Peinlichkeit entstand. Ich fing an, morphologische Formen zu benutzen, um Gesten zu malen, die ich Menschen nicht ausführen lassen konnte. [3]

Durch eine Neudefinierung der Konzepte von Form, Raum, Schönheit, Abstraktion und Mythos wollte Rothko die Malerei zu einer so intensiven Ausdrucksform erheben wie Musik oder Dichtung. Er erneuerte die Grundidee von *ut pictura poesis* (wie die Malerei, so die Dichtung), die seit der Renaissance die Malerei inspiriert hatte. In diesem Sinne kann *The Artist's Reality* als ein Buch von einem der „letzten großen Meister" [4] gelesen werden.

Marcus Rothkowitz wurde am 25. September 1903 in Dwinsk in Russland (dem heutigen Daugavpils, Lettland) geboren. Er war das vierte und letzte

Kind des Apothekers Jacob Rothkowitz. Als er zehn Jahre alt war, wanderte die Familie in die Vereinigten Staaten aus und ließ sich in Portland, Oregon, nieder. Rothko studierte zwei Jahre lang in Yale mit dem Ziel, Jurist oder Ingenieur zu werden. 1923 gab er jedoch das Studium auf und zog nach New York. Dort nahm er Kurse in Zeichnen und Malen bei Max Weber[5], der ihn zu dem Werk Cézannes hinführte. Rothko machte die Bekanntschaft von Milton Avery[6], mit dem er 1928 an einer ersten Gruppenausstellung teilnahm. Im Jahr darauf, als sich in den USA die Wirtschaftskrise anbahnte, begann Rothko an der Brooklyn Jewish Academy Kurse in Zeichnen und Malen für Kinder zu unterrichten – eine Tätigkeit, die er über zwanzig Jahre lang ausüben sollte, und eine äußerst wichtige Erfahrung für ihn, wie in vielen seiner frühen Texten zu erkennen ist. Seine ersten Einzelausstellungen, mit denen seine Laufbahn als Künstler in Schwung kam, fanden im Museum of Modern Art in Portland und in der Contemporary Art Gallery in New York statt. In den dreißiger Jahren wurde seine Hinwendung zum Expressionismus deutlich, besonders in seinen häuslichen und städtischen Szenen. 1940 ging er in eine neue Phase über, die vom Surrealismus geprägt war. Allmählich verschwand die menschliche Gestalt zugunsten mythologischer und natürlicher Motive. 1945 wurden zum ersten Mal Bilder von ihm in der Peggy Guggenheim Gallery gezeigt, und 1946 wurde er von Betty Parson unter Vertrag genommen.

Der nächste wichtige Wendepunkt in Rothkos Laufbahn kam 1947, als er die surrealistischen Themen endgültig durch abstrakte Formen ersetzte, die er als „Multiformen" bezeichnete. 1948 war er, zusammen mit Robert Motherwell, William Baziotes und David Hare, Gründungsmitglied der Kunstakademie mit dem Namen „The Subjects of the Artist"[7]. 1954 nahm ihn die Sidney Janis Gallery unter Vertrag, zehn Jahre später wechselte er zur Marlborough Gallery. Nachdem Rothko 1968 ein Aneurysma hatte, verboten ihm seine Ärzte, Bilder zu malen, die mehr als einen Meter hoch waren. 1969 wurde ihm von der University in Yale die Ehrendoktorwürde verliehen. Ein Jahr später beging er in seinem Atelier in New York Selbstmord. Sein posthumes Werk, die von der Familie de Menil geförderte *Rothko Chapel*, wurde ein Jahr nach seinem Tod eingeweiht.

Die fast einhundert Texte in diesem Buch, zwischen 1934 und 1969 geschrieben – also von einem Jahr nach seiner ersten Einzelausstellung bis zu einem Jahr vor seinem Tod – zeichnen Rothkos ästhetisches Denken im Verlauf seines künstlerischen Lebens nach. Doch die Schriften, Markstseine eines dem

Malen gewidmeten Lebens, sind außerdem eine Art intellektuelles und emotionales Selbstporträt des Menschen Mark Rothko.

In dem ersten dieser Texte, 1934 geschrieben und „Ein neuer Unterricht für zukünftige Künstler und Kunstliebhaber" betitelt, spricht Rothko über seine Unterrichtserfahrung an der Brooklyn Jewish Academy. Eine Analyse der Art und Weise, wie Kinder Kunst erfahren, wirft eine Reihe von Fragen auf: Kann man die Einstellung zur Kunst von Kindern und Verrückten vergleichen? Wie kann man konventionelle Methoden der Wahrnehmung ablegen und lernen, so zu sehen, wie der Künstler sieht? Auf einer allgemeineren Ebene stellt Rothko den Sinn von Kunsterziehung in Frage und macht sich zum Fürsprecher von Reformen. Der letzte Text, 1969 verfasst, ist seine Dankesrede anlässlich der Verleihung der Ehrendoktorwürde in Yale. Zur Zeit ist es das letzte schriftliche Dokument, das von Rothko bekannt ist. Er hat es wenige Monate vor seinem Tod geschrieben.

Schriften 1934-1969 enthält alle Texte, die Rothko zwischen 1934 und 1969 für Zeitschriften und andere Veröffentlichungen sowie für Ausstellungskataloge schrieb. Die Sammlung umfasst außerdem Rothkos Korrespondenz, mit Künstlern der New York School, und mit Kunsthistorikern, Galeristen und Museumskuratoren. Die Sammlung enthält außerdem Texte aus Notizheften sowie Transkripte von Vorträgen und Interviews.

Die Gesamtheit dieser Dokumente ermöglicht uns einen schärferen Blick auf die biografischen und künstlerischen Aspekte von Rothkos Leben. Die künstlerischen Risiken seiner malerischen Entwicklung werden durch alle Schriften hindurch sichtbar, und zwar nicht wie in *The Artist's Reality* aus theoretischer Perspektive, sondern aus einem praktischen, experimentellen und persönlichen Blickwinkel. Wenn in *The Artist's Reality*, wie sein Sohn bemerkt, weder das „Ich" des Autors noch sein Werk irgendwo erwähnt werden, schaffen die vorliegenden Schriften einen Ausgleich dazu, denn Rothko spricht in fast jedem Text über seine Arbeit.

Ein Beispiel hebt den Unterschied deutlich hervor. In der künstlerischen Entwicklung Rothkos begann Mitte der vierziger Jahre der bedeutende Übergang von surrealistischer Malerei zu dem Beginn seiner „Multiform"-Abstraktionen, die seinen abstrakt-expressionistischen Arbeiten vorausgingen. Auf der Suche nach einer reineren Form von Symbolismus schrieb Rothko 1945 Folgendes an Barnett Newman:

Ich habe mir selbst die Aufgabe gestellt, meine Symbole weiter zu konkretisieren, was mir viel Kopfzerbrechen bereitet, aber auch die Arbeit sehr beglückend macht. Leider ist es uns nicht möglich, die Dinge richtig zu Ende zu denken, und wir müssen hinnehmen, dass wir auf eine klarere Sicht lediglich zustolpern. [8]

In einem anderen Brief, der an Clay Spohn, Professor an der California School of Fine Arts, gerichtet ist, berichtet Rothko von denselben Bemühungen:

Dort sind Elemente aufgetreten, die ich weiter entwickeln werde und die in meiner Arbeit neu sind und mich, zumindest zur Zeit, stimulieren – was mir zumindest die Illusion verschafft, das kommende Jahr nicht damit zu verbringen, die Gefühle vom letzten Jahr wiederzukäuen. [9]

Seine Schriften, persönliche Äußerungen über die Vorstöße, die Rothko überall auf seinem künstlerischen Weg wagte, befassen sich mit einer Vielzahl von Themen, und dennoch zieht sich, wie Sheldon Nodelman bemerkt, ein einheitlicher Gedanke durch alle hindurch. Rothkos Gesamtwerk ist von der Suche geprägt, Kunst *als Mythos, als Drama, als Anekdote des Geistes* zu konzeptionalisieren [10]. Es sucht nach einem Symbol der Dauerhaftigkeit.

Nach formalen Kriterien können die Texte in vier große Gruppen unterteilt werden. Die erste umfasst die Briefe, die Rothko an zeitgenössische Künstler schrieb, darunter Barnett Newman, Herbert Ferber, Milton Avery, Robert Motherwell und Stanley Kunitz. Er schrieb aus New York an entfernte Kollegen, aber auch von Reisen in den Vereinigten Staaten und Europa. Obwohl die Briefe immer von Kunst handeln, enthalten sie doch auch andere Details, die den privaten Menschen Rothko zeigen, denn sie geben Einblicke aus erster Hand in sein Leben und seine Freundschaften mit Künstlerkollegen.

Die zweite Gruppe von Texten umfasst seine „museologischen" Briefe. Sie sind an Ausstellungsmacher und Museumsdirektoren gerichtet und behandeln alles, was mit der Organisation von Ausstellungen zu tun hat. Von besonderem Interesse ist hier Rothkos Briefwechsel mit der Kuratorin Katharine Kuh. 1954 regte Kuh eine Einzelausstellung seiner Arbeiten am Art Institute of Chicago an, für Rothko die erste in einem wichtigen Museum. Anlässlich der Ausstellung hoffte sie, einen Text mit dem Titel „An Interview with Mark Rothko" zu veröffentlichen, doch dazu kam es nie. Aber die dreizehn Briefe von Rothko an

Kuh existieren noch. Sie befassen sich sowohl mit der Installation von Bildern als auch mit den theoretischen Fragen, die von der Kuratorin angesprochen wurden. Die bisher unveröffentlichten Briefe bieten vorzügliches Material, will man verstehen, wie Rothko seine Bilder verstand.

Eine dritte Gruppe von Texten bezieht sich auf das Unterrichten von Kunst. Rothko war zeitlebens der Lehre verpflichtet, wie in dem Artikel von 1934, aber auch in seinem „Notizheft" und in *The Artist's Reality* deutlich wird. Ab Ende der vierziger Jahre nahm er immer wieder Lehrverpflichtungen an verschiedenen Universitäten wahr.

Die vierte Gruppe von Texten behandelt die kommunikative Rolle von Kunst, so wie Rothko sie verstand. In verschiedenen Texten, besonders in denen vom Beginn der fünfziger Jahre, als das Verhältnis zwischen Werk und Betrachter zu einem Schlüsselelement seiner Kunsttheorie wurde, bringt er seine Reflexionen von Kunst als Kommunikation zu Papier. Gleichzeitig mit diesen ästhetischen Überlegungen entwickelt er seinen abstrakt-expressionistischen Stil. Seine Werke werden zunehmend zu Stätten der Kommunikation mit dem Betrachter. Bei einer Tagung am Pratt Institute 1958 definiert er seine Bilder als „Fassaden":

Meine Bilder sind tatsächlich Fassaden (wie sie hin und wieder beschrieben werden). Manchmal öffne ich eine Tür und ein Fenster, manchmal zwei Türen und zwei Fenster. Ich mache das mit Absicht. Es liegt mehr Kraft darin, wenig zu sagen als darin, alles zu sagen. [11]

Rothko setzte auf das Konzept von Kunst als Kommunikation, von Kunst als Austausch. Es war ihm ein Anliegen, eine imaginäre Stätte zu schaffen, wo zwischen dem Künstler und Maler einerseits und dem Betrachter andererseits Kommunikation möglich wird: *Ich will es [das Ich] wieder drin haben.* [12] Wir sind überzeugt, dass wir durch die neuen Einsichten in Rothkos Werk, die uns mit dem jetzt vorliegenden Band *Schriften 1934–1969* ermöglicht werden, erneut Zugang zu dieser gemeinsamen Stätte erhalten.

Miguel López-Remiro
31. Oktober 2005

1. Mark Rothko, *The Artist's Reality: Philosophies of Art*, New Haven, Yale University Press, 2004, (Deutsche Ausgabe: Mark Rothko, *Die Wirklichkeit des Künstlers*, Verlag C. H. Beck, 2005). Dieses Manuskript wurde 1988 durch Zufall bei einer Inventur gefunden. Mark Rothkos Sohn Christopher hat den Text lektoriert und eine Einführung dazu geschrieben.
2. Autobiographische Skizze, ca. 1945, S. 67
3. Vortrag am Pratt Institute, New York, 1958, S. 154
4. Daniel Arasse, „La Solitude de Rothko", *Art Press 241* (Dezember 1998), S. 27-35.
5. Max Weber war Maler und Lehrer an der Art Students League. Er war außerdem einer von Rothkos Lehrern. Weber wurde 1881 in Russland geboren und emigrierte 1891 in die Vereinigten Staaten. 1905 ging er nach Paris, wo er Schüler von Matisse und ein Freund von Picasso, Rousseau und Apollinaire wurde. Als er 1909 nach New York zurückkehrte, wurde er zu einem der wichtigsten Repräsentanten moderner Kunst in den Vereinigten Staaten und schloss sich der avantgardistischen Gruppe von Künstlern um Alfred Stieglitz an. Weber malte die ersten kubistischen Bilder in Amerika.
6. Milton Avery wurde 1885 in New York geboren. In den zwanziger Jahren entwickelte er einen persönlichen Malstil, der sich an den europäischen Modernismus von Matisse anlehnte. Sein Werk stellte ein wichtiges Verbindungsglied zwischen der jungen amerikanischen Kunstbewegung und der Kunst der europäischen Avantgarde dar. Averys Einfluss auf Rothko ist unübersehbar, Rothko sah in ihm seinen Meister: *Die Überzeugung, dass man etwas Bedeutendes miterlebte, in der Gegenwart großer Ereignisse zu sein, stellte sich unmittelbar ein, wenn man seiner Arbeit gegenüber trat. So ging es vielen von uns, die wir jünger waren, auf der Suche, Ausschau haltend nach einem Anker. Diese Überzeugung hat nie nachgelassen. Sie hatte Bestand, und sie wurde im Laufe der Jahrzehnte und der flüchtigen Modeerscheinungen bekräftigt.* (Zum Gedenken an Milton Avery). Rothko lernte Avery Ende der zwanziger Jahre kennen und nahm an Averys wöchentlichen Sitzungen über Kunst und an seinen Zeichenkursen teil. Avery war der erste Künstler, mit dem Rothko sich anfreundete.
7. Das Ziel dieser Schule war es, Gesprächsrunden über Kunst zu organisieren. Sie bot weder Kurse an, noch hatte sie feste Mitglieder, sondern sie förderte die „spontane Untersuchung von Themen des modernen Künstlers – welches seine Themen sind, wie sie zustande kommen, die Methoden von Inspiration und Transformation, die moralischen Einstellungen, die Möglichkeiten weiterer Erforschung" (Ankündigung der Schule *The Subjects of the Artist*, New York, 1948-1949).
8. Brief an Newman, 31. Juli 1945, S. 72
9. Brief an Spohn, 24. September 1947, S. 80
10. Persönliche Stellungnahme, S. 70
11. Vortrag am Pratt Institute, New York, 1958, S. 154
12. William Seitz, Notizen eines Interviews, 22. Januar 1952, S. 101

Anmerkung für den Leser

Dieses Buch ist eine Zusammenstellung aller Schriften von Mark Rothko, die in öffentlichen Sammlungen aufbewahrt werden, hauptsächlich in den Archives of American Art im Smithsonian Institution, der National Gallery of Art, Washington, D.C., dem Getty Research Institute in Los Angeles und dem Art Institute of Chicago. Außerdem enthält die Sammlung Texte aus Rothkos Nachlass, die im Besitz seiner Nachkommen sind.

Rothkos Texte werden weitestgehend so wiedergegeben, wie Rothko sie geschrieben hat. In den meisten Fällen sind es Abschriften von handschriftlichen Texten. Unleserliche Wörter sind als solche gekennzeichnet. Manche Texte haben die fragmentarische Qualität – teils elliptisch, teils unklar – von Notizen, die nie für die Veröffentlichung gedacht waren. Weder die maschinengeschriebenen noch die handgeschriebenen Texte wurden in irgendeiner Weise bearbeitet. Das Ziel ist eine möglichst getreue Wiedergabe der Originale.
Wo nötig und möglich, wurden Anmerkungen zu Personen oder Ereignissen beigefügt, auf die Rothko sich bezieht. Biografische Notizen stützen sich, wenn nicht anders vermerkt, auf James Breslins Biografie über Mark Rothko.

Danksagung

Mein Dank geht an Cátedra Félix Huarte de Estética y Arte Contemporanéo an der Universität von Navarra in Spanien, Professor Álvaro de la Rica, María Josefa Huarte, Professor María Antonia Labrada, das Visual Arts Department an der University of California, San Diego, Professor John Welchman, Maxime Catroux, Éditions Flammarion, für das Lektorat dieses Buches. Und schließlich möchte ich der Familie Rothko für ihren Beitrag an diesem Buch danken.

Miguel López-Remiro

Mark Rothko in der Bowery 222, 1960, Foto: Regina Bogat

# Schriften 1934–1969

Ein neuer Unterricht für zukünftige Künstler und Kunstliebhaber, 1934

Brooklyn Jewish Center Review 14 (Februar – März 1934), S. 10–11. Der Text, mit Marcus Rothkowitz unterschrieben, ist Rothkos erster Artikel in einer professionellen Veröffentlichung. Er erteilte Kunstunterricht für Kinder und schrieb den Artikel anlässlich einer im Brooklyn Museum stattfindenden Ausstellung mit Arbeiten von Kindern.

Das Bedeutungsvolle der Ausstellung lag darin, dass erstens die Fähigkeiten von Kindern bei der Anwendung eines Ausdrucksmittels gezeigt wurden, das gemeinhin als das alleinige Erbe der Hochbegabten, der gut Ausgebildeten und der Erfahrenen gilt, dass zweitens die ausgestellten Arbeiten ihren eigenen künstlerischen Wert offenbarten, und dass drittens ein solcher künstlerischer Ausdruck von großem Wert ist sowohl für die Entwicklung des Kunstsinns im Allgemeinen als auch für die künstlerische Betätigung derjenigen unter den Kindern, die sich möglicherweise auch als Erwachsene mit Malerei oder Bildhauerei beschäftigen werden.

Laien haben gewöhnlich eine falsche Vorstellung von der Beziehung von natürlicher Begabung, Ausbildung und Erfahrung zur Kunst. Natürlich würde niemand den Nutzen von langjähriger Erfahrung, von Disziplin und vor allem Begabung in Frage stellen. Doch können wir uns der Sache auch auf andere Weise nähern. Wie wir selbst bedienen sich auch unsere Kinder des normalen Mediums der Sprache. Wir alle erzählen Geschichten, berichten über Ereignisse, schreiben Briefe, manchmal mit viel Gefühl und großer Kunstfertigkeit. Dennoch sind wir nicht der Ansicht, dass unsere Ausdrucksfähigkeit von Kenntnissen der Grammatik, Syntax oder der Regeln der Rhetorik abhängt. Desgleichen singen und improvisieren wir Melodien, und ich bin mir sicher, wir können beides tun, ohne Stimmbildung oder Kenntnisse von Harmonielehre und Kontrapunkt. Malerei ist ein ebenso natürliches Medium wie Sprache oder Gesang. Mithilfe dieser Methode machen wir unsere Erfahrungen sichtbar, ob sie auf Gesehenem beruhen oder der Fantasie entspringen, und verleihen unseren Gefühlen und Reaktionen auf einfache und direkte Weise Ausdruck, so wie beim Singen oder Sprechen. Wenn Sie daran zweifeln, dann sehen Sie doch einmal diesen Kindern bei der Arbeit zu, und Sie werden sehen, wie die Kinder Formen, Figuren und Ansichten bildlich arrangieren und dabei notgedrungen die meisten Regeln der optischen Perspektive und der Geometrie anwenden, ohne jedoch zu wissen, dass sie es tun. Sie tun es, so wie sie sprechen, nämlich ohne sich bewusst zu sein, dass sie die Regeln der Grammatik anwenden.

Mit genau der gleichen Unbefangenheit lassen wir auch die Kinder in unserer Klasse malen, und vielleicht ist das der Grund, warum ihre Bilder so frisch, so lebendig und vielfältig sind. Und es sind diese Qualitäten, die selbst der geschickteste Künstler erwerben muss, damit seine Arbeiten zum Innehalten verlocken und Aufmerksamkeit erregen.

Lassen Sie mich beschreiben, wie unsere Kinder arbeiten. Sie kommen in den Kunstraum. Alle Malutensilien – Farben, Papier, Pinsel, Ton, Pastellkreiden – liegen bereit. Die Kinder, voller Ideen und Interessen, wissen genau, was sie malen wollen. Manchmal ist es ein Thema aus dem Geschichtsunterricht oder aus der Geschichte Israels, dann wieder etwas, das sie im Kino gesehen oder in den Sommerferien erlebt haben, ein Eindruck von einem Hafenbesuch oder einer Fabrikbesichtigung, oder auch eine Szene, die sie auf der Straße beobachtet haben; oft ist es auch ein Thema, das einzig ihren Köpfen entspringt, ihren Gedanken oder ihren Vorlieben, ihren Träumen.

Sie machen sich an die Arbeit. Etwaiger Schwierigkeiten ungeachtet gehen sie ans Werk, überwinden Hindernisse, die einen Erwachsenen zur Verzweiflung bringen könnten, und legen los! Es dauert nicht lange, bis ihre Ideen auf deutlich erkennbare Weise sichtbar werden. Mit zunehmender Erfahrung gewinnen sie an Sicherheit, und dann ist ihnen nichts zu schwer. Sie befassen sich mit Menschenmengen, Ansichten, Ausblicken, Landschaften, Porträts – jeder vorstellbaren Bildidee, mit der gleichen Leichtigkeit, mit der ein eher furchtsamer Mensch ein einfaches Haus zeichnen würde.

Der Lehrer hat die Aufgabe, das emotionale Engagement der Kinder zu stimulieren und wach zu halten sowie angesichts möglicher Schwierigkeiten Lösungen vorzuschlagen. Vor allem soll er das Selbstbewusstsein der Kinder stärken, wobei er jedoch sorgfältig darauf achten muss, dass er ihnen keinerlei Regeln auferlegt, die zur Stagnation der Fantasie und zu Wiederholungen führen könnten. Mit Lob oder Kritik setzt der Lehrer sodann Maßstäbe, wie weit das Kind bei der Umsetzung seiner Ideen gehen muss, bevor das Bild als abgeschlossen gelten kann.

Mittels dieser Methode arbeitet jedes Kind nach seinen eigenen Vorstellungen und entwickelt tatsächlich seinen eigenen Stil, durch den sich seine Bilder von denen aller anderen Kinder unterscheiden. Das Kind erarbeitet sich die Fähigkeit und eine persönliche Technik, um seine Ideen umzusetzen. Wenn die Kinder nebeneinander arbeiten, sieht man nie, dass sie sich gegenseitig kopieren oder eins von der Arbeit eines anderen beeinflusst wird. Das ist der Grund für die große Vielfalt, die technischen Fertigkeiten und die Sicherheit bei der Ausführung, von der man sich in unserer Ausstellung überzeugen konnte.

Die folgende Begebenheit ist ein gutes Beispiel für den Gemeinschaftssinn, in diesem Kunstkurs. Einem der Jungen fiel kein Thema für ein Bild ein. Der Lehrer schlug vor, etwas zu malen, was er in einer Fabrik oder einem Werk gesehen hat. Der Junge war noch nie an einem solchen Ort gewesen, aber ein Mädchen kam ihm zur Hilfe. Sie hatte kürzlich eine Baumwollespinnerei besichtigt und konnte ihm die Anlage beschreiben. Die beiden beschlossen, gemeinsam ein Bild zu malen, bei dem einer die Einzelheiten des Bildes lieferte und der andere die Ausarbeitung mittels Pinsel und Farbe vornahm.

Die Bilder sind also vollständige Realisierungen von Themen, die uns durch die Schönheit ihrer Stimmungen, ihre Formenvielfalt und ihre aufregende Gestaltung berühren. Kurz: Viele dieser Bilder können uns emotional berühren. Ohne eine ausführliche Diskussion über ästhetische Fragen führen zu wollen, ist das doch mehr oder weniger das, was große Kunstwerke in uns bewirken. Es ist bemerkenswert, dass viele Künstler sich diese Ausstellung angesehen haben und staunend und bewegt vor den Bildern standen.

Die Kinder haben Ideen, oft sehr gute, die sie auf lebendige und schöne Art ausdrücken, so dass wir fühlen können, was sie fühlen. Ihre Bilder sind also im eigentlichen Sinne Kunstwerke.

Unsere Kritiker in den Bereichen Kunst, Dichtung, Musik, Theater und Film beklagen, dass sich so viele Künstler mit realitätsfernen Themen befassen, mit Stillleben in der Malerei, abgeschmackten amourösen Situationen im Drama und in der Literatur und nichtiger Atonalität in der Musik. Sie werfen unseren Künstlern vor, keinen Bezug zur Gesellschaft zu haben und die Welt um sich herum zu ignorieren, und drängen sie, sich dem brausenden Leben zuzuwenden. Sollen sich doch diese Kritiker die Bilder unserer Kinder einmal ansehen! Da ist alles vorhanden: Fabriken, Hafenanlagen, Straßen, Menschenmengen, Berge, Seen, Farmen, Vieh, Männer und Frauen, Schiffe, Wasser – alles nur Vorstellbare. Das ist gesellschaftsbezogene Kunst.

Den meisten dieser Kindern werden vermutlich ihre Fantasie und Lebendigkeit abhanden kommen, wenn sie erwachsen werden. Doch es wird Ausnahmen geben. Und es besteht die Hoffnung, dass in diesen Fällen die Erfahrung von acht Jahren nicht in Vergessenheit gerät und die jungen Menschen auch weiterhin die Schönheit um sich herum wahrnehmen. Für die anderen bleibt zu hoffen, dass diese Erfahrung ihnen helfen wird, durch die Kunstwerke anderer ihre einstige Freude an der Kunst lebendig zu halten.

Zuletzt soll noch angemerkt werden, dass im Brooklyn Museum einhundertfünfzig Arbeiten gezeigt wurden, dass aber mehr als doppelt so viele Bilder mit ebenso großer Berechtigung hätten ausgewählt werden können. Allein die begrenzte Ausstellungsfläche machte die Auswahl nötig.

Desgleichen waren es praktische Erwägungen, weshalb die Anzahl der Abbildungen zu diesem Artikel auf fünf begrenzt wurde. Einige der besonders bewunderten Bilder konnten nicht verwendet werden, da sie sich nicht gut reproduzieren lassen würden.

Notizheft, ca. 1934

Mark Rothko, Manuskripte und Skizzenbuch, ca. 1935 bis 1943; acc. no. 2002.M.8 (box 2). Research Library, Getty Research Institute, Los Angeles. Das „Notizheft" ist eine Sammlung von Notizen für ein Buch oder ein Handbuch über Kunstunterricht für Kinder. Breslin bemerkt: „Die meisten von Rothkos Kritikern betrachten sein ‚Notizheft' als Grundlage seines Vortrags an der Center Academy. ... Doch das ‚Notizheft' war nicht nur eine Prosasammlung für die Vorbereitung des Vortrags an der Center Academy." Vielmehr ist es eine Ideensammlung für ein Buch, das Rothko nie schrieb: „Unter Rothkos Papieren war ein Titelblatt, ein ausführliches, drei Seiten umfassendes Konzept und etwa zehn Seiten mit Entwürfen für einen längeren Essay oder einen schmalen Band, in dem die grundlegenden gestalterischen Ausdrucksmittel, Stile und Prozesse, die beim kreativen Malen von Kindern ebenso verwendet werden wie in der traditionellen Kunst, verglichen werden." Das ‚Notizheft' gilt als Vorbereitung für dieses Vorhaben, das viel ehrgeiziger, ausgefeilter und systematischer angelegt war als der Vortrag an der Center Academy, aber offenbar nie fertig gestellt wurde." James E. Breslin, *Mark Rothko: A Biography*, Chicago University Press, 1993 / *Mark Rothko: Eine Biografie*, Ritter Verlag, Klagenfurt, 1995. Das Konzept und die zehn Seiten des Entwurfs, die erhalten sind und bei Rothkos Papieren aufbewahrt werden, sind in dem vorliegenden Band unter dem Titel „Eine vergleichende Analyse" abgedruckt.

Den verschiedenen Zwecken wird man am ehesten gerecht, wenn man das Thema richtig entwickelt, nämlich im Geiste der äußersten Integrität gegenüber der ihm eigenen Materialien – ausgenommen sind Fälle von Abnormalität, in denen zuweilen eine „Notlüge" als therapeutisch sinnvoll gelten mag.

Zur Verteidigung des Konzepts der kreativen Kunstarbeit muss man nicht mehr eine ganze Armee aufbieten. Seit Cizek[1] Ende letzten Jahrhunderts seine ersten Experimente durchführte, hat es immer mehr Anhänger gefunden. Nachdem es anfangs von einigen wenigen Abenteurern im Bildungsbereich praktiziert wurde, dringt es jetzt schrittweise auch in die wehrhaftesten Bastionen

---

[1] Franz Cizek (1865–1946), Maler und Kunstpädagoge an der Schule für Angewandte Kunst in Wien.

des Konservatismus ein. Kaum ein Halbjahr vergeht, in dem nicht wieder eine öffentliche Schule das Konzept übernimmt. Gelegentlich richten Elterngruppen, von Berichten über die wunderbare Wirkung überzeugt, Kurse außerhalb des Lehrplans, aber im selben Schulgebäude ein – ein ironischer Protest gegen das Fehlen dieses Unterrichts im Lehrplan.

Jetzt ist der Zeitpunkt gekommen, wo wir die Ergebnisse zu prüfen und zu bewerten haben. Bisher hat es eine vereinte, alle Unterschiede einebnende Front gegeben, die sich für die Sache im Allgemeinen stark macht. Ich möchte eine Analyse dessen vorlegen, was bisher geschehen ist.

Lassen wir den Gedanken, dass kreatives Handeln eine gesellschaftliche Tat ist und allein dadurch ihre Existenz rechtfertigt, einen Moment beiseite. Die Schönheit und Lebendigkeit der entstandenen Arbeiten sind dafür Beweis genug[2]. Sie stellen eine Bereicherung unseres kulturellen Erbes dar, dessen Betrachtung uns jetzt und anderen in der Zukunft vielleicht mehr Freude bereiten wird, als die Kinder bei deren Erschaffung empfunden haben, falls das überhaupt möglich ist. Außerdem ist eine solche Freizeitbeschäftigung ein gesellschaftliches Gut.

Dennoch gibt es zweifellos Grenzen, an die wir gestoßen sind und die wir jetzt untersuchen können.

1. Die kreative Phase ist bestenfalls zeitlich begrenzt.
2. S. 7[3] Völlige Individualität lässt sich nur über einen kurzen Zeitraum erhalten.
3. Darauf folgt ein gewisser Primitivismus, der zwar eine Stimulierung im Leben des Jugendlichen bedeutet, jedoch einer persönlichen Note entbehrt und die Haltung und Vorurteile des Lehrers übernimmt. Die kreative Erfahrung sollte einen Beitrag zu der zukünftigen Entwicklung des Schülers leisten.

Bisher ist die erfolgreichste Arbeit von „Künstlern als Lehrergeleistet worden. Der Künstler als Lehrer hat den deutlichen Vorteil, dass er durch seine Erfahrung im praktischen Umgang mit seinen eigenen Bildern und durch sein im

---

2 „Die ersten vier Jahre sind eine Konstante, danach treten Unwägbarkeiten und Variablen auf."
  Am linken Rand eingefügt.
3 Rothko hat einen Kreis um die drei Punkte umfassende Liste gezogen und wollte sie offenbar an eine spätere Stelle im Text verrücken.

Studium unseres kulturellen Erbes gewonnenes Wissen über die gestalterischen Mittel eine große Sensibilität erworben hat. Diese Sensibilität ermöglicht es ihm, die Vorzüge der Arbeit eines Kindes hervorzuheben, dessen Wert zu erkennen und das Kind aufrichtig zu weiteren Anstrengungen zu ermutigen und es anzuleiten, wenn eine Befangenheit entsteht und Fragen auftauchen.[4]

Sensibilität ist jedoch ein unbeständiger Faktor, sie variiert von Person zu Person und ist manchmal von Vorurteilen getrübt, die sich der Lehrer aufgrund eigener Erfahrungen zugelegt hat. Es ist wünschenswert, dass diese Sensibilität durch Wissen gestärkt wird, und inzwischen steht uns auch das entsprechende Wissen zur Verfügung, und der Verfasser möchte im Folgenden wenigstens einen Aspekt davon darlegen. Es ist zu hoffen, dass der praktizierende Künstler als Lehrer darin eine Anleitung findet, das zu systematisieren, was er fühlt, oder aber dass Lehrer oder Eltern, die nicht das Glück hatten, diese Sensibilität zu entwickeln, hier einen Hinweis erhalten, wie sie eine solche entwickeln können.

Der Verfasser hofft, im Folgenden Überlegungen und Lösungsansätze zu einigen Aspekten des kreativen Malens, die sich zur Zeit stellen, ausführen zu können.

1 [5]
2 (Seite 3)
3

Zur Unterstützung dieses Gedankens muss ich jetzt eine Reihe von Ansichten darlegen, die der Leser zumindest vorübergehend akzeptieren muss, sofern er einen Nutzen aus der vorliegenden Arbeit ziehen möchte.

1. Dass eine Analogie zwischen der Kunst dieser Kinder und solchen Werken besteht, die im Laufe der Menschheitsgeschichte entstanden sind und von der Gesellschaft als Kunstwerke akzeptiert werden. Und dass das Kind dieselben grundlegenden gestalterischen Mittel verwendet, die man in den Werken der großen Meister entdecken kann. Die Durchführung einer solchen Analyse ist durch die Existenz der modernen Kunst erleichtert worden. Die moderne Kunst

---

4 „Schon allein die Tatsache, dass der Lehrer erkennen kann, was das Kind darstellen wollte, vermittelt Selbstvertrauen und Freude." Am linken Rand vermerkt.
5 Offenbar ist das die Stelle, an die Rothko die nummerierte Liste von der vorherigen Stelle verschieben wollte.

ist in vielen Phasen eine analytische Erfahrung. Im Gewand des Anthropologen oder Archäologen hat die moderne Kunst wiederholt über ihre eigenen elementaren Impulse sowie über die archaischenFormen der gestalterischen Mittel des Menschen gegrübelt. Sie hat ihre Entdeckungen in eklektischer Weise immer wieder neu geordnet. Obwohl aus Sicht des Verfassers diese Epoche eine der reichsten und fruchtbarsten der Kunstgeschichte darstellt, ist es für die vorliegende Fragestellung ohne Bedeutung, ob eine solche Sichtweise geteilt wird. Es ist jedoch ein Glücksfall, dass in der modernen Kunst das Gerüst sichtbar bleibt. Es wird weder durch Stil noch durch Tradition verdeckt, wie das bei den Alten Meistern der Fall ist. Deshalb ist es dienlich, wie ein Wörterbuch, weil es uns bei der Deutung hilft, wie wir eine Beziehung zwischen dem Kind und dem Strom der Kunst herstellen können.

Ein weiterer Grundsatz, eine gewissermaßen natürliche Folge, ist, dass das Kind, und auch der Künstler, weder alle der gestalterischen Elemente benutzt, noch nur ein einziges, sondern eine bestimmte Auswahl bevorzugt, die, so könnte man sagen, als gemeinsamer Nenner seines Stils dient.

In der vorliegenden Arbeit geht es darum, diese Beziehungen zu erklären und die entsprechenden Neigungen aufzuzeigen.

Der Grund für die Arbeit ist der, dass diese Analyse für pädagogische Zwecke Anwendung finden soll.

3. Wird der kreative Impuls angemessen entwickelt, so ermöglicht das die beste und vollständigste Erfahrung mit Kunst; zudem dient eine solche Beschäftigung mit Kunst der erzieherischen Entwicklung – ein gesellschaftspolitisches Ziel, das innerhalb eines einheitlichen Bildungssystems angestrebt wird.

Wilhelm Viola[6]: „Der Eindruck entstand, dass alle Kinder unbewusst ewigen Gesetzen der Form folgen."

Die Betonung des „Kreativen".

Cizek rät Kindern, für die ein bestimmtes Medium zu leicht wird und wo die Gefahr besteht, dass sie darin zu geschickt werden, sich einem anderen Medium zuzuwenden, das ihnen größere Schwierigkeiten präsentiert.

Er ist überzeugt, wenn er mit den Kindern auf einer verlassenen Insel mitten im Ozean lebte, wo er sie uneingeschränkt kreativ arbeiten lassen könnte, so könnte er sie alle zu der reinsten Entfaltung ihrer kreativen Fähigkeit bringen.

---

6 Viola war ein Schüler Cizeks. Alle Zitate von Cizek bei Rothko sind aus Wilhelm Viola: *Kinderkunst und Franz Cizek*, Wien 1936. In den folgenden Absätzen zitiert Rothko sowohl Cizek als auch Viola.

Ich wende mich gegen die historische Betrachtungsweise. Als lebendige kreative Wesen müssen wir unseren Beitrag zur Geschichte leisten, in welcher Funktion auch immer. Wir sind jedoch nicht verpflichtet, die Logik der Geschichte zu erfüllen, nur um den anderen den Beweis zu liefern. Wir müssen der Logik der Kunst folgen, und wenn die historische Entwicklung diese Logik nicht vorausgesehen hat, dann muss die Geschichte sich ändern.

Geschichte läßt sich nicht durch Bilder darlegen, noch sollten Bilder durch Geschichte dargelegt werden. Außerdem wehre ich mich emphatisch gegen jede Forderung nach der Vereinnahmung von Kunst durch Werbung, Funktionalismus, Bildungswesen etc.

Unser Zeitalter der Integration ist das Werk von falschen Wechselbeziehungen, von Innenausstattern der Sozialgeschichte und der Philosophie, die keinerlei Beziehung zur Wahrheit haben und die Tatsachen so zurechtdrehen und biegen, dass sie sich für ihre hinfälligen Machenschaften kommerziell nutzen lassen.

> Die Kunst ist vom Geist.
> Im akademischen Denken ist es Tradition, *mit Zeichnen anzufangen.*
> Vielleicht fangen wir mit Farbe an.
> Es ist nicht unsere Aufgabe, Künstler hervorzubringen.
> Für einen Erwachsenen ist das erste Bild immer das leichteste.
> Anregung wird sich nach den Interessen des Kindes richten.
> Quellen der Anregung bei Werken von Kindern – richtige oder falsche Anregung.
> Materialien.
> So wie es eine Beziehung zwischen Idee und Methode gibt, so muss der Lehrer abschätzen, welches Material der Neigung des Kindes am ehesten entspricht.
> Themenbezogene Stimulierung
> Jedes Thema wird sich nach der Neigung des Schülers richten.
> Z. B. Hirten,
> in Christus verwandelt
> Byzanz
> Selbstkritik von Kindern
> Die kreative Phase – bis zum Alter von zehn Jahren, und wie sie zur nächsten Phase beitragen muss

Arten der Komposition
Größenordnung
Rhythmus
Intervall
Symmetrie
Diagonale
Fläche &
Dreidimensionalität
Spritzer auf dem ganzen Papier
Klassische und symmetrische Anordnungen
Diagonale und Senkrechte zu dieser Diagonalen, und nicht zur Ebene des Bildes
Streifen von Rasen, Streifen von Himmel
Das besondere Gefühl von Raum bei den Modernen und den Alten Meistern
Neue und andere Techniken, je nach Methode
Absorbierende Oberflächen
Nicht absorbierend
Glasierend
Matt
Nass in Nass malen
Um ein Objekt herum malen
Tonalität
A-Tonalität
Beziehung zwischen Medium und Technik
Primitivismus
Oft wandelt sich Kunst von Kindern zu Primitivismus, was bedeutet, dass das Kind sich selbst nachahmt.
Primitivismus ist die Ausbeutung des Pittoresken im charmanten Gewand der Naivität.
Die Persönlichkeit des Lehrers

Sehr oft sind die Werke von Kindern nicht mehr als eine primitive Wiedergabe der kreativen Ziele des Künstlers als Lehrer. Es ist dem Anschein nach Kinderkunst. Das grundlegende kreative Ventil für das Kind geht jedoch dabei verloren. Ich glaube nicht, dass der Künstler sich selbst völlig zurücknehmen muss.

Der Kontakt des Kindes zu seinem Lehrer ist ein wichtiger Aspekt seiner Umwelt, wie alles, was ihm begegnet. Wenn aber die Sensibilität des Künstlers als Lehrer durch ein empirisches Vorgehen verstärkt würde, könnte das zu einem ausgewogeneren Ergebnis führen.

Der Expressionismus weist die größte Ähnlichkeit mit der Kunst von Kindern auf. Vielleicht sind ihre Arbeiten noch besserer Expressionismus als die der Künstler selbst, da Expressionismus bedeutet, die Frische (und Naivität) der kindlichen Sichtweise einzufangen. (Eigentlich ist er Sehnsucht nach der Unschuld der Kindheit.) In den eher klassischen Aspekten der Moderne treten die Gesetze, die der Formensprache dieser Kunst zugrunde liegen, deutlicher hervor. Sie weisen außerdem auf Parallelen in den Werken der Alten Meister hin.

    Die Bedeutung der ersten vier Jahre
    Manipulation wird erlernt
    Muss vollständig akzeptiert werden
    Darf nicht verpfuscht werden

Wie schädlich Einfluss und Anleitung sein können, ist da vielleicht noch nicht erkennbar, zeigt sich aber kurz darauf in einer Vorliebe für Gefälligkeit.

Frühreife Gefälligkeit hat gewöhnlich eine verhängnisvolle Wirkung, denn sie entwickelt sich auf Kosten der kreativen Kräfte der Fantasie, von den Vorgängern als Stil kaschiert.

Der Psychoanalytiker (Pfister)[7] mag bei den Expressionisten eine Vielzahl von Bekenntnissen bezüglich ihrer Abneigungen und Obsessionen aufdecken. Doch sind diese Künstler auf die gleiche Weise zu ihrer Tradition gekommen wie die Maler der Renaissance zu ihrer. Folglich müssten die gleichen Absonderlichkeiten in den Spuren von Tizians Werk erkennbar sein.

Wenngleich es der Pariser Schule nicht gelingt, ihren Frieden mit der Menschheit und ihrer reizlosen Erscheinung zu schließen, muss sie doch wegen der Qualität ihres Forscherdrangs Bestand haben.

In dieser Beziehung muss man sie parallel zu Platos Skeptizismus sehen, oder auch zum Liberalismus.

---

[7] Oskar Pfister (1873-1956), Schweizer Psychoanalytiker; mit Jung, Bleuler und anderen gehörte er der Zürcher Schule der Psychoanalyse an und ist Autor von *Der psychologische und biologische Untergrund des Expressionismus* Bircher, Bern 1920, und *Was bietet die Psychoanalyse dem Erzieher?*, Bern, 1919

Die menschliche Natur ist so geartet, dass sie den Skeptizismus ebenso verehrt wie den Glauben und dass sie sowohl dem Eroberer als auch dem Märtyrer Ehre zuteil werde lässt.

Die Vitalität der Bewegung wird durch die Antagonismen, die sie hervorruft, bestätigt – die Geschichte jeder geglückten Revolution.

Kind, Verrückter, Künstler
Das Erscheinungsbild ihrer Arbeiten ähnelt sich.
Ist das Kind verrückt, der Verrückte kindisch, und versucht Picasso, von beidem etwas zu sein?
Sie alle bedienen sich der Grundelemente der Sprache.
Das Kind folgt dabei der inneren Notwendigkeit, dass eine lebendige Aussage sofort verständlich sein muss, und bedient sich deshalb der unwillkürlichsten Darstellung, nämlich instinktiver, primitiver, elementarer Symbole.
Der Verrückte durch seinen Symbolismus
Der Künstler, der sein Problem mittels der grundlegenden Elemente von Formensprache und emotionaler Symbole analysiert hat.
Cézanne und seine Anhänger haben den Weg gewiesen, denn sie allein haben das Gerüst stehen lassen, während die anderen [8]
Farbe
Kann sinnlich oder funktional sein.
Tonalität legt romantische Kontrolle nahe.
Die bildliche Funktion einer Farbe beinhaltet vorstürmende Aggressionen oder Regressionen, die hervortreten oder zurückweichen.
Kann durch Farben (warme oder kalte) oder durch Farbwerte erreicht werden.
Farbe kann um ihrer selbst willen bestehen, für:
Üppigkeit (Orientalismus)
Muster (rhythmische Impulse)
Eklatante Lebendigkeit (Exhibitionismus)
Farbspritzer (dekadente Feinschmeckerei, bewusste Frühreife)
Entwurf

---

8 Satz im Original unvollständig

Ein Kind lernt die Anwendung gestalterischer Mittel ebenso leicht und natürlich, wie es Sprache lernt.

Beim der Konzeption der Größenordnung geht es um die Beziehung von Objekten zu ihrer Umgebung – die Betonung von Dingen oder Raum.

Dazu gehört eindeutig ein Raumgefühl. Ein Kind kann den Raum willkürlich begrenzen und dann dessen Objekte zu Helden erheben. Oder es gestaltet den Raum als unendlich, schrumpft die Bedeutung der Objekte, wodurch sie mit der Raumwelt verschmelzen, Teil davon werden. Es kann auch ein völlig ausgewogenes Verhältnis zwischen beiden bestehen. Piero Della Francesca: beide Elemente haben gleichermaßen Teil an der erfahrenen Welt, eins erhöht die Würde des anderen, zeigt die gleiche Ehrfurcht für den Menschen, für die Dinge, die er mit Händen geschaffen hat, für das, was er besitzt.

> Freiheit bedeutet noch eine andere Vielfalt: Das Dekorative neben dem Strengen. Üppigkeit gegenüber Herbheit. Trübsinn gegenüber Heiterkeit.
> Fest definierte Bereiche oder Verschmelzen oder Fließen.
> Scharfe Silhouetten oder unbestimmtes Verschmelzen.
> Um etwas herum malen oder in die Farbe hinein formen.
> Das Erste deutet auf klassische, intellektuelle, objektive Tendenzen hin.
> Das Zweite zunächst auf eine emotional expressionistische, gegenständliche Tendenz.
> Z. B.: Francesca im Gegensatz zu den Venezianern.
> El Greco
> Abstrakte gegenüber Expressionisten.
> Die verwendeten Materialien eignen sich für diese Ausdrucksform.
> Analyse, ob die Mittel den Stil erschaffen oder ob der Stil zu der Erfindung der Mittel führt. Wahrscheinlich beides zutreffend.
> Bewegung.
> Die falsche Annahme, dass physische Kraft Aktivität bedeutet. Es bedeutet nichts, außer, dass derjenige, der den Pinsel führt, ihn energisch führt.
> Bewegung ist unabhängig vom Ausmaß von „Ferne", einer Illusion, die in einem Bild gezeigt wird.
> Ein begrenzter Raum und begrenzte Gegenstände vermitteln viel eher den Eindruck von Aktivität und Bewegung.
> Größenordnung.

Der Unterschied zwischen scheinbarer Freiheit, angedeutet durch einen schwungvollen, rhythmischen Stil und der wahren Bedeutung von Freiheit, die die Entwicklung einer bestimmten Größenordnung bedeutet, die Beziehung der Dinge untereinander ausdrückt. Das ist im Kind innewohnend.

Freiheit kann sich sowohl durch Enge als auch durch Überschwang ausdrücken, durch Konzentration auf Details oder durch große, dicht zusammengedrängte Flächen.
 Sie kann eine Betonung von Dingen bedeuten oder von Wirkungen. Sie kann objektiv und analytisch sein, aber auch romantisch.
 Annahmen.
 Ein präzises Maß von Hemmungen oder Unterdrückung ist nötig, um das Treibmittel zur Verfügung zu stellen, um die genau richtige Störung des Gleichgewichts hervorzurufen und eine Erregbarkeit, eine angemessene Erhebung des Geistes zu erreichen, mit der der Unterschied zwischen dynamischem Organismus und statischer Machenschaft deutlich wird.
 Der Liberalismus lehnt die Einheit ab, die er nicht durch seinen Skeptizismus erreichen kann. Er wird eine Einheit nicht akzeptieren, nur aus der Überzeugung, dass eine solche Akzeptanz nötig ist. Da ihm ein Mythos fehlt, wird der Liberalismus keinen Moloch hervorbringen, um sich davor niederzulegen und ihn anzubeten.

 Sensationalismus gegen Konstruktivismus.
 Sensationalismus als solcher, oder als objektives Element, das sich
  zwischen anderen Elementen einreiht.
 Die Notwendigkeit einer empirischen Untersuchung statt unbestimmter
  Begeisterungsäußerung.
 Ihr Mangel bedeutet das Ende der kreativen Phase, und der Einfluss eines
  Lehrers oder einer Tradition macht sich bemerkbar.
 Wir können heute keine Tradition mehr lehren.
 Die progressive Schule ist ein Zeichen des Liberalismus.
 Der Liberalismus hat den Mut, Skeptizismus und Untersuchung als
  Tugenden zu betrachten und erst dann Schlussfolgerungen zu ziehen,
  wenn die Fakten dafür einstehen.
 Die Beziehung moderner Künstler zu dem Werk von Kindern.
 Zu dem Zeitpunkt der Laienkunst, als der Mensch die Mythen wie auch

die Methoden sie darzustellen verwarf, sah der Künstler in sich hinein und erkannte, dass er seine eigene (emotionale) Emphase benutzte, statt einer visuellen, und dass er geometrische Formen benutzte.
Ein Kind benutzt einfache geometrische Formen, z. B. einen Kreis als Kopf.
Kinder bewundern ausnahmslos Können und photographische Genauigkeit in Ausstellungen.
Kunkel.
Kunkel: „Wir dürfen Kindern den Mut nicht nehmen.[9]
Die Psychoanalyse im Dienst der Erziehung.
Pfister, Y. E. M., S. 70

„Die Vergangenheit kehrt auch im bewussten Leben regelmäßig wieder. Jesus hat den Menschen gesagt, sie sollen wie die Kinder werden. Die Renaissance wandte sich der Antike zu, um vorwärts gehen zu können. Die Reformation versuchte in den schrecklichen Wirrnissen jener Zeit, das Christentum der ersten fünf Jahrhunderte einzuführen. Das Wort Reformation trägt seine Bedeutung auf der Oberfläche. Rousseau predigte die ‚Rückkehr zur Natur', und Tolstoi, der revolutionäre Erneuerer, kehrte tatsächlich zum primitiven Leben zurück. Ohne diese rückwärts gewandten Schritte ist kein großer Fortschritt möglich, und keine neue Schöpfung, und sei sie noch so klug erdacht, hat eine Aussicht auf eine Zukunft, wenn sie nicht aus der Vergangenheit schöpft. Denn sie zerbricht an einem Gesetz des spirituellen Lebens –"[10]

Nach dem Kindergartenalter ist die Absicht des Kindes repräsentativ – langatmige Ausführungen.
Die im Wesentlichen repräsentative Tendenz in der Kunst.
Zusammensein mit dem Künstler und dem Lehrer:
Der Unterschied zwischen einer Schule und persönlicher Ausdrucksweise.
Picasso gegenüber Chagall
Mozart singt wie ein Vogel.
Beethoven überarbeitet und perfektioniert.
Doch beide sind perfekt. Der Künstler selbst kann nicht als Kriterium dienen.

---

9 Fritz Kunkel (1889-1956), deutscher Psychologe, emigrierte im 2. Weltkrieg in die USA. Anhänger von Alfred Adler und später Carl-Gustav Jung.
10 Rothko zitiert Pfister, *Was bietet die Psychoanalyse dem Erzieher?*, 1919, S. 64-65

Kant illustriert ein perfektes System mit Beispielen, die von der Zeit relegiert wurden.
Nietzsche und die griechische Tragödie.
Maler und Dichter sagen vielleicht, male oder schreibe einfach, aber ihr eigenes Werk ist perfekt geordnet.
Verwirrung zwischen Grundelementen, die in der Arbeit von Kindern vorhanden sind, und denen in den Werken moderner Künstler.
Beim Kind das rein Expressive und Instinktive.
Beim Künstler Elemente, die bewusst verwendet und geordnet sind, Kinder jedoch, die von der Highschool kommen, finden die Arbeit dort leicht, aber langweilig.
Leicht, weil sie es gewöhnt sind, sich für Methoden zu interessieren,
z. B. Oberflächen,
langweilig, weil die kreative, emotionale Betonung verschwunden ist.

Wenn wir uns auf eine Tradition geeinigt hätten, könnten wir nach dieser unsere Kinder unterrichten: Du kannst dies und jenes auf diese Art malen. Erfahrung und Weisheit haben das gezeigt. Aber das ist nicht der Fall. Deshalb entdecken wir, wie unsere Jungs von der Akademie mit ihren braunen zähflüssigen Farbpasten in leuchtenden Farben in den Ausstellungen unserer Abstrakten erscheinen und emotional um die Expressionisten rotieren.
Progressive Erziehung ist der Ausdruck von Liberalismus.

Skizzenheft, ca. 1934

National Gallery of Art, Washington D.C.

Vor zehn Jahren, als diese Schule ihre Arbeit aufnahm, wurden die progressiven Methoden der Kunsterziehung argwöhnisch als Erneuerung oder Experiment betrachtet. Heute bedarf die Methode keiner Märtyrer mehr. Sie hat sich in die öffentlichen Schulen etabliert, was als Auszeichnung gewertet wird und den Zustrom zu diesen Schulen gesteigert hat. Durch diese Methode hat das Wissen über und die Würdigung von Kunst im Allgemeinen und von moderner Kunst im Besonderen in der Öffentlichkeit zugenommen; hinzu kommt, dass die Kunst von Kindern, die in unserer Schule oder auch in anderen Schulen nach unseren Prinzipien arbeiten, bei Museen, Galerien und anderen Kulturzentren, die diese Bilder häufig ausgestellt haben, auf ein wachsendes Interesse stößt.

Die Öffentlichkeit reagiert auf die neue Kunst und lässt sich von der unwiderstehlichen Lebendigkeit und Ausdrucksfähigkeit der Bilder von Kindern begeistern. Die Menschen haben den Unterschied zu erkennen gelernt zwischen Können an sich und einem Können, das mit Geist, Ausdruck und Persönlichkeit einhergeht, den Unterschied zwischen einem Maler, der gut malt und einem Künstler, dessen Arbeiten Leben und Fantasie atmen und der Materialien verwendet, um etwas zu sagen.

Der Unterschied zwischen unseren Methoden und älteren ist folgender: Nach den älteren Methoden wurde dem Kind beigebracht, verschiedene Dinge zu tun. Ihm wurde die Aufgabe gestellt, seine Fähigkeiten durch die Nachahmung vorgelegter Beispielen zu perfektionieren. Die Gesamtheit seiner Erfahrung war die Summe der Dinge, die es nachzuahmen gelernt hatte, sowie deren Kombination. Nach unserer Methode wird das Kind von Anfang an dazu ermuntert, ein Künstler zu sein, ein Schöpfer. Wir beharren nicht darauf, dass etwas so und so gemacht wird, sondern wir fragen, was möchtest Du ausdrücken und wie klar und lebendig kannst Du es ausdrücken. Das Ergebnis ist ein steter Fluss kreativer Aktivität, mit der das Kind einen vollständigen kindlichen Kosmos erschafft, der die unendlich facettenreiche und aufregende Welt der Fantasie und der Erfahrungen eines Kindes zum Ausdruck bringt.

Schulbücher, ferne Länder, Filme, Träume, Spielplätze, Sehnsüchte – sie alle nähren das Panaroma seiner Arbeit.

Von Anfang an sind die Werke unserer Kinder also Kunst, da sie in lebendiger Form die Persönlichkeit des Kindes ausdrücken. Machen diese Kinder Fortschritte, werden sie besser, und wie geht das vor sich? Ja, sie machen eindeutig Fortschritte. Keine zwei Gruppen arbeiten auf demselben Niveau. Die Fähigkeit zu Beobachtung und Darstellung wächst von Gruppe zu Gruppe und mit zunehmendem Alter. Und das geschieht so: Mit zunehmendem Alter nimmt sowohl die Beobachtungsgabe der Kinder als auch ihre Erfahrung mit den Malmaterialien zu. Wollen sie ihren eigenen Standards gerecht werden, müssen sie sich fortwährend mit neuen Fragen und neuen Methoden auseinandersetzen.

Unsere Kinder haben Mut. Wenn sie von der Brooklyn Bridge fasziniert sind, malen sie ein Bild davon. Wenn die Brücke den Fluss überspannen muss, sorgen sie dafür, dass sie das tut.

Nach den alten Methoden wäre das Kind eingeschüchtert worden, bevor es angefangen hat. Es hätte die technischen Probleme so deutlich vor Augen, dass es von Anfang an entmutigt gewesen wäre. Unsere Kinder, die von dem Ansatz ausgehen, dass sie ihre Ideen ausdrücken wollen, begegnen ihren Problemen, da sie deren Notwendigkeit fühlen, ihrem Entwicklungsstand entsprechend.

The Ten: Whitney-Abtrünnige, 1938

> Prospekt für eine Ausstellung. New York: Mercury Galleries, 1938.
> Der Text ist im Katalog nicht von Rothko unterschrieben, aber Breslin
> weist darauf hin, dass Rothko (der damals noch unter dem Namen
> Rothkowitz aufgeführt wird) zusammen mit Bernard Braddon und
> Sidney Schectman als Co-Autor angegeben ist.

Eine neue Akademie spielt das alte Spielchen und versucht, etwas Neues zu schaffen, indem sie es mit einem Namen versieht. Offenbar hat sie damit in der Öffentlichkeit einen gewissen Erfolg, da inzwischen von einer „amerikanischen Kunst" gesprochen wird, die von nicht-ästhetischen Maßstäben – also von geographischen, ethnischen, moralischen oder narrativen, je nach Vorliebe des Lexikographen, der den Begriff verleiht – geleitet ist. In dieser Schlacht der Wörter erfreut sich in unseren Whitney Museen für moderne amerikanische Kunst das Symbol des Silos einer vorherrschenden Stellung. THE TEN erinnern uns daran, dass die Nomenklatur willkürlich und eng ist.

Seit vier Jahren stellen THE TEN als eine ausdrucksstarke Gruppe aus, und ihre Arbeiten sind in der Montross Gallery, der New School for Social Research, bei Georgette Passedoit, in der Municipal Gallery und der Galerie Bonaparte in Paris gezeigt worden. Sie sind als Expressionisten, Radikale, Kubisten und Experimentalisten bezeichnet worden. Allein aufgrund ihrer Herangehensweise sind sie experimentell und folglich stark individuell. Ihre Verbindung ist dann auch wegen der gemeinsamen Zielsetzung zustande gekommen, nicht aufgrund einer oberflächlichen Ähnlichkeit in ihrem Werk. Jedoch bilden sie eine homogene Gruppe hinsichtlich ihrer beharrlichen Opposition zum Konservatismus und ihrer Fähigkeit, Objekte und Ereignisse so zu sehen, als wäre es das erste Mal, frei von Ablagerungen der Gewohnheit und losgelöst von den Konventionen aus tausend Jahren Malerei. Heterogen sind sie in ihrer unterschiedlichen intellektuellen und emotionalen Interpretation ihrer Umwelt.

Eine Öffentlichkeit, die „zeitgenössische amerikanische Kunst" von den Museen dogmatisch als darstellende Kunst definiert bekommen hat, die sich mit Lokalkolorit befasst, versteht diese Kunst als amerikanisch in einem provinziellen Sinne und zeitgenössisch in einem streng chronologischen. Das wird durch einen seltsam engen Chauvinismus noch verschlimmert, der einerseits gelegentliche Einflüsse kubistischer und abstrakter Erneuerung verdammt, während er andererseits offensichtliche Nachahmungen von Tizian, Degas, Breughel oder Chardin entweder akzeptiert oder ignoriert.

Der Titel dieser Ausstellung soll die Aufmerksamkeit auf einen bedeutenden Teil der in Amerika hervorgebrachten Kunst lenken. Die Implikationen sollen über das eine Museum und auch über die eine Gruppe von Abtrünnigen hinausgehen. Er ist ein Protest gegen die angebliche Gleichbedeutung von amerikanischer Malerei mit abbildender Malerei.

Eine vergleichende Analyse, ca. 1941

Rothko Papers. Ein drei Seiten umfassender Entwurf für einen längeren Aufsatz oder einen schmalen Band in dem die grundlegenden gestalterischen Elemente, Stile und Prozesse verglichen werden, die dem kreativen Malen von Kindern sowie der traditionellen Kunst gemeinsam sind. Von dem Text sind nur ein gutes Dutzend Seiten Entwürfe erhalten. Zwischen diesem Text und dem „Notizheft" besteht eine enge Verbindung. Breslin bestätigt, dass das „Notizheft" eine Vorbereitung dieser vergleichenden Analyse war. Rothko lebte von 1941 bis 1943 an der oben angegebenen Adresse.

Eine vergleichende Analyse der grundlegenden gestalterischen Elemente, Stile und Prozesse, die beim kreativen Malen von Kindern sowie in der traditionellen Kunst verwendet werden; die Anwendung dieser Erkenntnisse bei der Betreuung kreativer künstlerischer Aktivitäten.

Mark Rothko
Kunsterzieher
Center Academy
667 Eastern Parkway
Brooklyn, N.Y.

29 East 28th Street
New York City

Teil I
Ein Vergleich der grundlegenden gestalterischen Elemente, die in der kreativen Malerei von Kindern und in der traditionellen Kunst Anwendung finden, anhand von Definition und Demonstration.

   A. Die Ähnlichkeit von Erscheinungsbild und ästhetischer Wirkung im Werk von Kindern, primitiven Völkern, geistig Verwirrten und in Beispielen „moderner Gemälde".
     1. Die gemeinsamen Faktoren, die zu dieser Ähnlichkeit beitragen.

B. Das Aufspüren der analogen Faktoren in traditioneller Kunst.
   1. Analyse sowohl der Ähnlichkeiten als auch der Unterschiede, und der Faktoren, die diese erklären.

C. Definition und Erkennen der gestalterischen Elemente, ihre Verwendung und die Wirkung, die sie ausüben.
   1. Verschiedene Arten von Formen und was sie darstellen oder symbolisieren.
   2. Verschiedene Arten von Raum und wie man sie erzeugt.
   3. Größenverhältnis: Größe der Gegenstände in Bezug auf den sie umgebenden Raum und die psychologische Wirkung bei unterschiedlicher Verwendung.
   4. Linie
      a. Als Definition von Formen.
      b. Ihre abstrakte Funktion in der Herstellung verschiedener Arten von Raum.
      c. Ihre Funktion im Entwurf.
      d. Ihr Wesen.
   5. Farbe
      a. Ihre objektive oder subjektive Verwendung.
      b. Ihre dekorative Verwendung.
      c. Sinnliche Verwendung.
   6. Texturen: sinnlich, dekorativ oder darstellend.
   7. Rhythmus oder Wiederholung.
   8. Anordnung
      a. klassisch
      b. emotional
      c. Ihre Funktion im Muster oder in räumlicher Komposition.

D. „Spontane" oder nicht gelehrte Elemente, die in den Arbeiten von allen Kindern auftreten, und verwandte Elemente in der traditionellen Kunst.

E. Eine vergleichende Analyse der Methoden und Techniken.
   1. Die Beziehung zwischen Materialien und Methoden.
   2. Die Beziehung zwischen Methode und Wirkung.

    3. Die Nähe der Methoden, die von Kindern unbewusst angewendet werden, zu denen, die in der traditionellen Kunst entstanden sind.

  F. Themen und ihre Quellen.

  G. Gemälde und deren Beziehung zu dem Wesen und der Herkunft des Künstlers.

Teil II
Eine vergleichende Analyse von „Stil" in den Arbeiten von Kindern und in traditioneller Kunst.

  A. Die natürliche Vorliebe des Kindes für einige der obigen Elemente: Der Stil, der durch Auswahl und Betonung einer Anzahl dieser Elemente dem Bild verliehen wird und es dadurch von den Bildern aller anderen Kinder unterscheidet.

  B. Die Untersuchung verschiedener Kombinationen von Elementen und die Unterschiede im Stil, die dadurch entstehen.

  C. Das analoge Wesen von Stil in traditioneller Kunst.

  D. Die Analogien zwischen Stil bei Kindern und Stil in der traditionellen Kunst.

  E. Die Integrität von Stil:
    1. Die Unterordnung des Themas unter den Stil; der Nachweis, dass der Stil konstant bleibt, ungeachtet des Themas.

Teil III
Das Prinzip der natürlichen Neigung als Grundlage der Kunsterziehung

  A. Seine Bedeutung für die Kreativität bei der Erfahrung von Kunst.
    1. Eine Betrachtung der Faktoren, die sowohl die Kreativität bei der Kunst von Kindern als auch die der traditionellen Kunst ausmachen.

2. Der Unterschied zwischen kreativer traditioneller Kunst und Akademismus.
   3. Der Unterschied zwischen dem Kreativen und dem, was lediglich kindlich erscheint.
   4. Der Unterschied zwischen kreativer Malerei und absichtlichem Primitivismus.
   5. Der Unterschied zwischen kreativer und erfinderischer Freiheit und der physischen Freiheit im Malen.

  B. Die Rolle des Lehrers in den frühen kreativen Stadien des Kindes.
   1. Manipulativ –
      a. Vermeidung physischer und emotionaler Hemmungen.
   2. Phase des natürlichen, ungehemmten Ausdrucks.
      a. Die Notwendigkeit von aufrichtiger Reaktion auf die Arbeit des Kindes.
      b. Das Erkennen der natürlichen Neigung eines jeden.
   3. Phase der Befangenheit und der Beginn des Lernens.
      a. Fortsetzung der Kreativität durch Auflösung von Schwierigkeiten auf Basis der Neigungen des Kindes und deren Bedeutung für eine zukünftige Weiterführung der Aktivität.

  C. Die Erhaltung der natürlichen Neigung in späteren Phasen.
   1. Beim Zeichnen oder Malen nach Modell.
   2. Bei der Entwicklung von Malerei aus der Fantasie.

Teil IV
Die philosophische Grundlage kreativer Kunsterfahrung in der Erziehung.

  A. Eine historische Analyse der Methoden der Kunsterziehung.
  B. Die Angemessenheit der kreativen Methode in unserer Zeit.
   1. In Bezug auf die Persönlichkeitsentwicklung des Kindes
   2. In Bezug auf seine aktive oder passive Teilhabe am kulturellen Leben der Gesellschaft.

Experimentieren für den Lehrer.

A. Kreatives Malen.
   1. Die Herbeiführung kreativer Zustände durch Überwindung physischer und emotionaler Hemmungen durch das Malen nach der Fantasie.
   2. Die Erkennung der gestalterischen Elemente in den fertiggestellten Bildern.
   3. Die Erkennung einer natürlichen Neigung zu einem bestimmten Stil in diesen Bildern.
   4. Das Ausschöpfen dieses Stils in einer Reihe geplanter Variationen.
   5. Die Ausübung unterschiedlicher Stile durch die absichtliche Verwendung anderer Kombinationen von Elementen.

B. Die Erweiterung des Stils durch Malen oder Zeichnen nach Modell.

C. Das Studium von Methoden und Techniken, die im Zusammenhang mit den von Kinder verwendeten Methoden stehen.
   1. Die Vorbereitung verschiedener Oberflächen und die Erforschung der für sie typischen Wirkungen.
   2. Die Erforschung von Pigmenten und deren Funktion in verschiedenen Techniken.
   3. Das Hervorrufen von Stilen, die für verschiedene Materialien charakteristisch sind.
   4. Die Ausnutzung von Materialien um neue Wirkungen in den eigenen Bildern zu erreichen.

Der ideale Lehrer, ca. 1941

Rothko Papers. Entwurf eines Teilabschnitts für „Eine vergleichende Analyse"

Der ideale Lehrer für Kunstunterricht muss in zweierlei Hinsicht geeignet sein. Zunächst muss er wie jeder Lehrer das Einfühlungsvermögen und die Ausbildung haben, um das Wesen und die Herkunft eines Kindes und dessen Potenzial zu erfassen. Allein seine Anwesenheit und sein Verhalten schaffen eine Atmosphäre der Entspannung und des Vertrauens, und er teilt die grundlegende Vorstellung, dass der Erziehungsprozess, zu dem die Kunsterziehung gehört, eine gesellschaftliche Angleichung leistet. Zum zweiten, und das ist die wirklich wichtige Qualifizierung für dieses Fach, muss er die Empfindsamkeit eines Künstlers haben. Kunst muss für ihn eine helle und klar verständliche Sprache sein, die in ihm das Verständnis und die Begeisterung auslöst, die Kunst wahrlich vermittelt. Häufig ist es der Künstler als Lehrer, der diese Rolle am besten erfüllt. Weil Kunst die ihm eigene Ausdrucksweise ist und weil er mit ihr und ihren Methoden, sowohl bei der eigenen Ausdrucksweise als auch bei der Betrachtung der Werke anderer Künstler, ob der Vergangenheit oder der Gegenwart, bestens vertraut ist, hat er diese Empfindsamkeit aller Wahrscheinlichkeit nach in einem höheren Maß entwickelt als andere, deren einziger Kontakt zur Kunst aus dem Blickwinkel des Beobachters stattfindet.

Diese Empfindsamkeit wird ein wichtiges Element in der Wirkung des Lehrers auf die Kreativität des Kindes. Bei der Arbeit mit jüngeren Kindern, bei der er sich jeder Einmischung in den kreativen Vorgang enthalten muss, abgesehen von geringfügigen Korrekturen da, wo es dem Kind altersbedingt an der Geschicklichkeit bei der Handhabung der Materialen mangelt, wird er mit aufrichtiger Begeisterung auf ihre Arbeiten reagieren können. Er wird in der Lage sein, auch schwer verständliche Symbole oder nur schwach angedeutete Ideen zu verstehen und jedes Gleichnis, jedes Sinnbild und tausend andere nicht vorhersehbare Offenbarungen der gestalterischen Kreativität zu deuten. Er wird außerdem dem Kind seine Reaktion deutlich machen können, die auf jeden Fall ehrlich sein muss, denn Unaufrichtigkeit wird bald durchschaut. Diese

Würdigung macht den Lehrer zu einem Mitwirkenden in dem kreativen Akt. Deswegen ist es unser Wunsch, diese unbefangene Lenkung des Ausdrucks zu erhalten, denn darin liegt die wirkliche Vollendung des Bildes, da sie dem Kind die Mitteilbarkeit seines Bildes zeigt, wodurch der Vorgang abgeschlossen wird und dem Kind das Selbstvertrauen für das nächste Bild gibt. Im Alter von acht oder neun Jahren, wenn die zunehmende Einwirkung der Umgebung zu Befangenheit führt und das Kind beginnt, Fragen zu stellen, darf es nicht länger ganz allein gelassen werden. Diese Fragen müssen beantwortet werden. Dann ist die Verantwortung eine größere.

Diese Empfindsamkeit muss fähig sein, in die kreative Welt des Kindes zu gelangen, Eigenarten und Vorlieben zu entdecken und hierauf Antworten zu gründen. Diese Antworten dürfen jedoch in die kreative Welt des Kindes keine ihm fremde Elemente einbringen, da dies das Sicherheitsgefühl des Kindes erschüttern und den Fortbestand seiner kreativen Integrität stark gefährden würde.

Heute ist diese Empfindsamkeit eine unbeständige Größe, sie ist in keinen zwei Menschen gleich. Auch gibt es keinerlei Messlatte, woran wir Ausmaß oder Art der Empfindsamkeit auch nur grob messen könnten. Hier müssen wir uns tatsächlich auf unsere metaphysische Intuition verlassen. Wie umfassend ist der Bereich der Empfindsamkeit dieses Menschen? In wieweit zerstören starke persönliche ästhetische Vorurteile seine Objektivität und folglich seinen Nutzen für uns? Wie viel weiß der Lehrer, und wie steht das im Vergleich zu dem, was er wissen sollte, und was genau sollte er wissen? Warum sind diese Vorurteile in unserer Art von Erziehung unerwünscht?

Es ist nicht Ziel dieses Buches, die soeben beschriebene Empfindsamkeit auszuschalten, denn eine Resonanz auf Kunst, die allein auf Wissen basierte, würde gründlich scheitern. Es ist jedoch unsere Absicht, diese Empfindsamkeit um nachweisbare Kenntnisse zu erweitern und dadurch bestimmte Unzulänglichkeiten unserer Ergebnisse zu vermeiden – denn dass es sie gibt, müssen wir den Mut haben, einzugestehen.

1. Die Phase der Kreativität endet meistens, bevor das Kind 12 Jahre ist, oft sogar früher.
2. Oft tritt ab dem Alter von neun Jahren an die Stelle von Kreativität ein Primitivismus, dessen einzige Qualität seine Ähnlichkeit mit der Kreativität des Kindes ist, die aber in Wahrheit nicht mehr kreativ ist. Er ist lediglich eine Nachahmung kreativer Arbeit.

3. Diese Situation ist in bezug auf zukünftige Entwicklungen nicht erfolgreich gelöst.

In der Hoffnung, einen Weg für die Lösung dieser Schwierigkeiten aufzeigen zu können, hat der Autor die Arbeiten von Kindern studiert und analysiert und stellt die Ergebnisse im Folgenden dar.

Die folgende sorgfältige Untersuchung ist durchgeführt worden, in der Hoffnung, dass unseren kargen Erkenntnissen über die vielen Faktoren, die das kreative Malen eines Kindes bestimmen, neue Einsichten hinzugefügt werden können. Die Untersuchung basiert auf der Hoffnung, ein logisches System zu präsentieren, das die weniger greifbaren und uneinschätzbaren Faktoren erhellt werden, und in der Zuversicht, dass in Erkenntnis die Antwort auf viele unserer Schwierigkeiten liegt.

Die Analyse basiert auf einer Reihe von Annahmen. Wir glauben, dass diese Annahmen wahr und nachweisbar sind, und werden unsere Schlussfolgerungen darauf stützen, dass wir die tatsächlichen Arbeiten von Kindern als Grundlage unserer Diskussion verwenden werden.

So nehmen wir an, dass eine enge Analogie zwischen der kreativen Kunst von Kindern und solchen Arbeiten, die gemeinhin als Kunstwerke betrachtet werden, besteht. Dass das Kind instinktiv oder bewusst oder durch eine kaum wahrnehmbare Erfahrung in seiner Kindheit die gleichen grundlegenden gestalterischen Elemente verwendet, die man in den Werken der großen Meister findet. Eine Analyse und eine Reihe von Vergleichen wird den ersten Teil des Wissens bilden, das wir gründen möchten. In gewisser Weise ist diese Aufgabe durch die Existenz der modernen Kunst erleichtert worden.

Angeborenheit, ca. 1941

Rothko Papers. Entwurf eines Teilabschnitts für „Eine vergleichende Analyse"

Das Konzept der Kunsterziehung beschäftigt sich mit den Zielen dieser Erziehung. Wir haben bereits festgestellt, dass der ganze Vorgang des Malens an sich eine biologische Aktivität ist, bei der es um den Ausdruck des kreativen Impulses geht, und dass Malerei eine der natürlichen Sprachen ist, die zur Ausführung dieser Funktion existieren. Belegen lässt sich die These anhand der natürlichen Leichtigkeit, mit der das Kind die wesentlichen Formen erschafft, die in aller Kunst vorhanden sind. Wollte man dem Kind diese Erfahrung verweigern, würde man ein Ausdrucksmittel verstümmeln, das so natürlich ist wie die Sprache selbst.

Sobald diese Art Kunsterziehung in den Lehrplan unserer Schulen aufgenommen wird, müssen wir uns jedoch mit ihren Zielen befassen. Es gibt zwei Arten von Zielen:

1. Der unmittelbare Beitrag zur Entwicklung des Kindes, als Übung seines Ausdrucks während der Schulzeit.
2. Der Beitrag zu seinem Erwachsenenleben und schließlich auf das gesamte Lebensmuster.

Im Hinblick auf den ersten Punkt hat das kreative Malen in der praktischen Ausübung an unseren progressiven Schulen bereits seinen Wert bewiesen. Vor allem trägt es zum Glücklichsein des Kindes bei, denn hier hat es eine Betätigung gefunden, die ihm große Freude macht. Dass seine Arbeiten zweifellos von beträchtlicher Qualität sind, dass es einen sichtbaren Ausdruck von etwas geschaffen hat, das in ihm so lebhaft und angeboren existiert, und dass es dies vermitteln kann – all dies wirkt sich günstig auf die Entwicklung seiner Persönlichkeit aus. Außerdem lässt sich leicht feststellen, dass Hemmungen auf diese Weise abgebaut werden und die Persönlichkeitsentwicklung entscheidend gefördert wird.

Wenden wir uns dem zweiten Ziel zu. Wir könnten den kreativen Malvorgang in der gleichen Weise betrachten wie das Bauen mit Bauklötzen und das Backen von Sandkuchen, nämlich als Spielfunktion unter Verwendung von plastischen Materialien, die fallengelassen werden, wenn das Kind das Interesse daran verliert. Aber es ist offensichtlich, dass das kreative Malen nicht in dieser Weise betrachtet werden kann, denn Malerei ist ein wichtiger Bestandteil des Erwachsenenlebens in unserer Gesellschaft, und früher oder später wird sich das Kind in bestimmtem Maße an den kulturellen Aspekten der Gesellschaft beteiligen, in denen Malerei eine wichtige Rolle spielt. Daher betrifft diese natürliche Aktivität des Malens den noch entfernten Zweck der späteren Teilnahme am kuturellen Leben der Erwachsenen, sei es in aktiver oder passiver Form. Der Unterschied zwischen beiden ist nicht so groß, wie man annehmen könnte, denn eine befriedigende passive Teilnahme an der Malerei ist in gewisser Weise so kreativ wie das Malen eines Bildes selbst.

Das natürliche und völlig ungehemmte Handeln ist auf einen relativ kurzen Zeitraum begrenzt. Früher oder später müssen wir uns der Tatsache stellen, dass das Kind nicht mehr zufrieden damit ist, unbewusst kreativ tätig zu sein. Es möchte jetzt die Freude des Lernens, der Entwicklung und des Fortschritts erfahren. Bei manchen Kindern stellen sich die Fortschritte von selbst ein, aber im Allgemeinen wird es so sein, dass Lehrer oder andere Erwachsene aus dem Umfeld es in die Hand nehmen müssen, den Wunsch zu lernen, zu erfüllen. Sind wir in diesem Stadium angelangt, müssen wir uns ernstlich unserer großen Verantwortung bewusst werden. Wir müssen in eine Richtung weisen, die zumindest nicht im Widerspruch zu den möglichen künftigen Erfahrungen des Kindes steht, sondern ihnen vielmehr förderlich ist.

Offensichtlich steht in der Phase der Schulbildung die Wichtigkeit der Elemente, die die Entwicklung der Persönlichkeit in seinem unmittelbaren Leben betreffen, im Vordergrund. Das vorliegende Buch geht jedoch davon aus, dass diese Entwicklung stattfinden kann, ohne dass gegen die Gesetze der Malerei verstoßen wird, und dass die richtige Beachtung dieser Gesetze substantiell das Erreichen der ersten sowie der zweiten Zielsetzung ermöglicht.

Wir können nur mit Neid die Sicherheit betrachten, mit der in einigen großen Kunstepochen der Vergangenheit Kunst unterrichtet werden konnte. Der Lehrling, der in die Künstlerwerkstatt seines Renaissance -Meisters eintrat, konnte sich wahrhaft glücklich schätzen, denn sowohl die Ziele als auch die Methoden der Kunst waren recht deutlich definiert und allgemein akzeptiert.

Dass damit ein gewisser Dogmatismus einherging, wird mehr als ausgeglichen durch die Tatsache, dass dieser Dogmatismus eine Kunst hervorgebracht hat, die in der Zeit ihrer Entstehung unbedingt wichtig war und deren Geltung auch der Lauf der Zeit nicht geschmälert hat. Glücklicherweise war die Homogenität jener Zeit so groß und die Synthese aus intellektuellen und spirituellen Bedürfnissen jener Epoche so gelungen, dass die Kunst sich innerhalb der etablierten Ordnung entwickeln konnte.

Leider hat sich in unserer eigenen Gesellschaft weder im Hinblick auf ihre Anschauungen noch auf ihre Kunst eine ähnliche Homogenität herausgebildet. Unser eigenes Land ist heute ein unblutiges Schlachtfeld, auf dem ein Dutzend Anschauungen, die sich widersprechen oder in keinem Zusammenhang zueinander stehen um Anerkennung ringen, wobei jede dieser Anschauungen ihre eigene Gefolgschaft von sehr unterschiedlicher Größe hat. Wir haben keinen Mythos, der uns heute hinreichend unumstößlich und erkennbar erscheint und den die Kunst verwenden könnte, um daraus allgemein akzeptierte Symbole zu gewinnen. Besonders in diesem Land haben wir nicht einmal eine genügend erprobte künstlerische Tradition mit einer hinreichend langen Geschichte der Entwicklung, die uns einen Maßstab für befriedigende Methoden und Zielrichtungen böte.

Es wäre in der Tat interessant, eine Untersuchung unter den Studenten der National Academy – angeblich die Bewahrer der amerikanischen Tradition – durchzuführen und ihre Geschichte zu untersuchen. Wir würden eine Reihe von Künstlern finden, die modische Porträts im Rahmen der Vorgaben der Academy malen. Aber wir würden überrascht feststellen, dass die große Mehrheit der Absolventen sich gegen ihre Tradition gewandt hat und viele von ihnen mit den Abstrakten, den Expressionisten und der New American Group ausstellen, von denen keine die Regeln der Academy schlüssig anwendet.

Die Befriedigung des kreativen Impulses, ca. 1941

Rothko Papers. Entwurf eines Teilabschnitts von „Eine vergleichende Analyse"

Die Befriedigung des kreativen Impulses ist ein grundlegendes biologisches Bedürfnis und für die Gesundheit des Menschen wesentlich. Die Gesamtwirkung auf die Gesundheit einer Gesellschaft lässt sich gar nicht abschätzen. Kunst ist eines der wenigen, dem Menschen bekannten Mittel, um diesen Impuls auszudrücken Deshalb ist die Ausübung von Kunst so stetig wie das Leben selbst. Sie hat alle vom Menschen gemachten Verbote – ob per Gesetz oder Gewohnheit – überlebt und überwindet jede von der Natur ausgeheckte Schwierigkeit in der Widerspenstigkeit der Materialien. Ganz gleich wie unnachgiebig die Oberfläche, wie feindselig die Umstände, der Mensch besteht darauf, seine Imagination aufzuzeichnen. Der Vorgang vollzieht sich auf psychologischer Ebene und ist, so wie biologische Vorgänge auch, unvermeidlich. Der Mensch nimmt in sich auf, folglich muss er etwas von sich geben. Die Alternative ist Ersticken. Die Sinne des Menschen sammeln und häufen an, die Gefühle und der Verstand wandeln um und ordnen, und durch das Medium der Kunst wird all dies ausgesandt, um erneut am Strom des Lebens teilzunehmen und widerum andere Menschen zum Tun anzuregen. Denn Kunst ist nicht nur Ausdruck sondern auch Kommunikation, und ihre Kommunizierbarkeit verleiht ihr eine gesellschaftliche Funktion.

Der Verfasser gibt also der daraus folgenden Überzeugung Ausdruck, dass die Ausübung von Kunst eine gesellschaftliche Handlung ist, die in sich wertvoll ist und keiner zusätzlichen Rechtfertigung bedarf. Die Aufnahme von Kunsterziehung in den Lehrplan muss demnach nicht verteidigt werden.

Wäre es das Ziel der Kunsterziehung, Kunst oder Künstler hervorzubringen, könnten wir einfach eine Ausstellung mit den kreativen Werken von Kindern ausrichten und es dabei belassen. Denn niemand, der für die Sprache von Form und Farbe aufgeschlossen ist, kann von dem Spektrum der bisher entstandenen Kunst von Kindern unberührt bleiben. Die Werke sind ein faszinierender und bewegender künstlerischer Ausdruck, der eine wesentliche Bereicherung des kulturellen Erbes unserer Gesellschaft bedeutet. Das Ziel der

Kunsterziehung ist jedoch nicht, Künstler hervorzubringen. Der Kunsterzieher kann ebenso wenig eine Vorhersage darüber machen, ob aus einem malenden Kind eines Tages ein Künstler wird, wie der Mathematiklehrer von einem Kind, das addiert und subtrahiert, wissen kann, ob es später Mathematiker wird. Dies jedoch sollte die Absicht sein: Dass diese frühe Erfahrung ein prägender, zur weiteren Entwicklung des Kindes beitragender Faktor ist, nicht einer, der dieser Entwicklung zuwider läuft und dessen Wirkung abgewendet werden muss – und das ist tatsächlich ein schwieriger Vorgang.

Für den Kunsterzieher muss Kunst also zahlreiche zusätzliche Implikationen haben. Sie muss zum sozialen Verhalten des Kindes beitragen, sein psychisches Gleichgewicht stärken sowie die Entwicklung wichtiger Gewohnheiten fördern. Und ihm eine Vielzahl zusätzlicher Hilfen zur Orientierung in seiner Umwelt an die Hand geben, die für seine Entwicklung zu einem sozialen Individuum wesentlich sind.

Auch wenn solche Überlegungen in diesem Buch fehlen, heißt das nicht, dass ihre Bedeutung unterschätzt wird. Wir werden hier das Thema soweit wie möglich ausschließlich aus der Sicht der Kunst behandeln. Allen oben genannten Zielen werden wir am ehesten gerecht, wenn wir zunächst das Thema an sich verstehen, im Sinne der ihm inhärenten Gesetze. Es mag Ausnahmen geben, wo in von der Norm abweichenden Fällen eine kurzzeitige Notlüge als therapeutisches Mittel verschrieben werden kann.

Wir aber werden von der Annahme ausgehen, dass das Kind normal ist und dass seine Herkunft es gut ausgestattet hat, um es mit der gefährlichen Dämonenwelt aufzunehmen, die darauf lauert, es in die Falle zu locken. Und dass es genau das richtige Maß an Hemmungen oder Repressionen hat, durchdrungen von einem katalytischen Auftrieb, diesem notwendigen inneren Ungleichgewicht, um es zu Aktivitäten zu treiben, von denen Malen eine sein wird.

Entwürfe eines Leserbriefs, verfasst von Mark Rothko und Adolph Gottlieb, 1943

Der Brief wurde am 13. Juni 1943 in der *New York Times* veröffentlicht. *Mark Rothko, Manuskripte und Notizhefte,* ca. 1935–1943, acc.no. 2002.M.8 (Box 3), Research Library, Getty Research Institute, Los Angeles. Rothko zeigte sein Gemälde „The Syrian Bull" und Gottlieb sein „Rape of Persephone" in der Federation of Modern Painters and Sculptors. Die beiden Werke waren Thema einer Besprechung von Edward Alden Jewell, einem Journalisten der New York Times, worauf Rothko und Gottlieb einen Brief verfassten. Die unveröffentlichten Texte stammen von Rothko, und erst später beschlossen er und Gottlieb, einen gemeinsamen Brief zu schicken. Die Entwürfe unterscheiden sich deutlich von dem endgültigen Text, sie sind in einem weit weniger dogmatischen Ton gehalten. Die Seiten sind nicht nummeriert. Rothko notiert sich seine Gedanken in sechs Stadien. Die Entwürfe wurden in der Sammlung von Georges C. Carson aufbewahrt, einem Verwandten von Edith Sachar Carson, Rothkos erster Frau, und kürzlich vom Getty Museum erworben. An dem Brief, der am Ende in der *Times* abgedruckt wurde, arbeitete auch Barnett Newman mit. Zum Dank für seine Hilfe boten Rothko und Gottlieb ihm die beiden Bilder an, die Gegenstand der Besprechung gewesen waren. Siehe auch Diane Waldman, *Mark Rothko, 1903–1970: A Retrospective,* New York 1978, S. 269. In einem Interview mit William Seitz von 1953 sagte Rothko, dass weder er noch Gottlieb den Brief verfasst hätten, der in der Times erschien, dass er aber mit dem Inhalt völlig einverstanden sei (Siehe S. 112 in diesem Band). Diese Aussage unterstreicht die Bedeutung der Entwürfe, in denen sich Rothkos Ideen deutlicher spiegeln, obwohl der Text des veröffentlichten Briefes ein zentrales Dokument der Quasi-Gesamtheit der Rothko-Forschung darstellt. Siehe dazu Bonnie Clearwater, *Shared Myths: Reconsiderations of Rothko's and Gottlieb's letter to the New York Times,* Archives of American Art 24, Nr.1 (1984), S. 23

Erster Entwurf

Sehr geehrter Mr. Jewell –
Ich war erfreut zu sehen, dass Ihre Bemerkungen zu meinem Gemälde in der Ausstellung Modern Painters & Sculptors in Form einer Frage gehalten war

und nicht in dem feindseligen Ton, der für üblicherweise Ihre Besprechung meiner Arbeiten bestimmt. Und da das so ist, würde ich gern versuchen, eine Erklärung zu formulieren, und ich hoffe, Sie können diese Erklärung drucken, da Sie die Frage öffentlich gestellt haben.

Was Sie meinem Werk [Wort unleserlich], ist einfach nur ein weiterer Aspekt der Beschäftigung mit dem Archaischen.

Die Frage, warum sich die begabtesten Maler unserer Zeit mit den Formen des Archaischen und den Mythen, von denen sie abstammen beschäftigen, warum afrikanische Skulpturen und das alte Griechenland solch mächtig Katalysatoren unserer gegenwärtigen Kunst sind, können wir getrost Historikern und Psychologen überlassen. Es ist aber eine Tatsache, dass sich unsere Zeit durch ihre Verzerrungen auszeichnet und dass begabte Menschen überall, ob sie nach einem Modell in ihrem Atelier arbeiten oder die Form in sich selbst suchen, die Gegenwart verzerren, um Übereinstimmung mit den Formen der Stadt Ninive, des Nils oder des Zweistromlands Mesopotamien zu erreichen. Wenn die breite Öffentlichkeit die meisten Werke der modernen Kunst hässlich, ungezähmt und unwirklich findet, bezeugt das nur die Allgemeingültigkeit der modernen Kunst. Die Aussage, dass moderne Künstler von den formalen Aspekten archaischer Kunst fasziniert sind, ist nicht haltbar. Jeder ernst zu nehmende Künstler wird dem zustimmen, dass eine Form nur insofern von Bedeutung ist, als sie Ausdruck jener noblen und strengen inneren Struktur ist, die diese archaischen Dinge besitzen.

Deshalb müssen wir erkennen, dass die heutige Kunst eine enge Verwandtschaft mit den formal-psychologischen Aspekten spürt, die diesen archaischen Objekten innewohnt. Wenn wir also schimpfen, unsere Kunst entstamme nicht unserer Zeit, dann leugnen wir, dass Kunst zeitlos ist, und dass wir wissen, dass die Kunst, die Momentanes abbildet, ihre Bedeutung im nächsten Moment verliert, da dann dieser Moment vorbei ist. Gegen diese Kunst zu wettern und zu sagen, sie sei unlogisch und unmessbar, ist ebenso unsinnig, wie auf den überwältigenden Materialismus unseres Alltags zu schimpfen. Meine eigene Kunst ist ein neuer Aspekt desselben Mythos, und ich bin weder der erste noch werde ich der letzte sein, der sich unwiderruflich dazu getrieben sieht, sich mit den Chimären, die offenbar die tiefsinnigste Botschaft unserer Zeit zu sein scheinen, auseinanderzusetzen.

Ich habe mein Bild „Syrian Bull" [Syrischer Bulle] genannt, und dadurch dem Betrachter geholfen, indem ich eine Assoziation mit der Kunst der

Vergangenheit benannt habe, die ich nach Fertigstellung des Bildes nicht anders als feststellen konnte.

Es ist seltsam, wenn auch nicht mehr neu, dass Kunst anscheinend immer wieder solche Chimären hervorbringt, diese unvernünftigen Verzerrungen, diese äußerliche Ungezähmtheit sowie scheinbare Hässlichkeit und Brutalität. Mag es auch seltsam sein, die begabten Künstler unserer Zeit bestehen auf dieser Rohheit und werden dies auch weiterhin tun, bis die Dinge in unserer Zivilisation sich ändern, und ich weiß nicht, wann das sein wird. Unsere Kunst scheint unweigerlich von afrikanischen Fetischen zu kommen, von den archaischen Visionen der Ägäis und der Ebene Mesopotamiens – Fetischen einer vergangenen Epoche, die unser Verstand als Aberglaube und in unserer Zeit als nicht vertretbar verdammen würde. Ich bin also weder der erste noch der letzte Künstler unserer Zeit, der neue Aspekte dieser zeitlosen Mythen enthüllen wird. Und Kritiker und Soziologen wettern unvermindert weiter gegen etwas, das sich ihnen als unvermeidbar gezeigt haben sollte. Denn es ist ebenso nutzlos, gegen diese Dinge zu wettern, wie gegen den exzessiven Materialismus unseres Alltags. Sie müssen hinnehmen, dass dies spirituelle Antlitze unserer Zeit sind.

Vielleicht war der Künstler ein Prophet und entdeckte vor vielen Jahrzehnten die Unvorhersagbarkeit, die unter der scheinbar zunehmenden Rationalität des Menschen lag, und erkannte die Möglichkeit eines Gemetzels, das wir heute nur zu gut kennen. Doch warum sollte man auf diesem Punkt beharren? Der Künstler malt, und er malt, was er malen muss.

Es gibt immer noch Künstler, die Sonnenuntergang mit langen Schatten verwechseln, die melancholischen Aspekte der Tageszeiten mit den tragischen Konzepten, mit denen sich die Kunst befassen muss, aber in aller Kunst, die aufrüttelt, bewegt und zu neuen Entdeckungen aufruft, ist auch die Kunst, die verzerrt.

Zweiter Entwurf

Jeder, der mit der Evolution moderner Kunst vertraut ist, weiß, welch mächtige katalytische Wirkung die afrikanischen Skulpturen und die Kunst der Ägäis in der Anfangsphase hatten. Seit diesen Anfängen haben die begabtesten Künstler unserer Zeit ihre Modelle – ob sie im Atelier nach ihnen arbeiteten oder sie in ihrem Inneren fanden – diese Modelle solange verzerrt, bis sie Spuren ihrer archaischen Prototypen trugen, und die Verzerrungen symbolisieren das spirituelle Antlitz unserer Zeit.

Zu sagen, dass der moderne Künstler in erster Linie von den formalen Beziehungsaspekten der archaischen Kunst fasziniert ist, ist bestenfalls eine partielle und irreführende Erklärung, denn jeder ernsthafte Künstler und Denker weiß, dass eine Form nur solange von Bedeutung ist, wie sie die ihr innewohnende Idee ausdrückt. Die Sache ist die, dass der moderne Künstler eine spirituelle Nähe zu den Gefühlen besitzt, die in diesen archaischen Formen einfangen sind, und zu den Mythen, die sie repräsentieren. Die Öffentlichkeit, die so heftig reagierte, heftig auf die primitive Brutalität dieser Kunst, reagierte präziser und wahrhaftiger als der Kritiker, der von Formen und Technik sprach. Dass die Öffentlichkeit sich gegen diese spirituelle Spiegelung wehrte, ist nicht schwer zu verstehen.

Wenn man sagt, dass unsere Kunst nicht aus unserer Zeit ist, leugnet man, dass Kunst zeitlos ist, und man leugnet auch, dass die Kunst, die für den Moment spricht, nicht mehr relevant ist, sobald dieser Moment vorüber ist. Gegen diese Kunst zu schimpfen und sagen, sie sei unlogisch und unvernünftig, ist ebenso unsinnig, wie gegen den exzessiven Materialismus unseres Alltags zu schimpfen. Beides wird erbarmungslos und unvermeidlich fortdauern. Meine eigene Kunst ist einfach ein neuer Aspekt des ewigen archaischen Mythos, und ich bin weder der erste noch der letzte, der sich gezwungen sieht, die Chimären unserer Zeit zu entwickeln. Leider treibt der Kritiker, historisch gesehen, einen Handel mit dem Altvertrauten. Und das Unbekannte der neuen Aspekte zwingt uns leider, ohne seine Zustimmung zu erschaffen.

Dritter Entwurf

Die Verwandtschaft der modernen Kunst mit der archaischen ist zu offensichtlich, als dass man es beweisen müsste. Dass die Geburt der modernen Kunst so oft an die Formen und den Geist der afrikanischen Skulpturen und die Kunst der Ägäis erinnert, ist zu beharrlich, als dass es Zufall sein könnte, und nicht einträglich genug, um Vortäuschung zu sein. Fast alle begabten Künstler unserer Generation haben ihre Modelle, sei es, dass sie sie im Atelier mit ihnen gearbeitet oder dass sie in ihrem Inneren gefunden haben, soweit verzerrt, bis sie sich dem Geist dieses idealen Vorläufers angenähert haben. Ist es seltsam, dass wir darauf beharren, solche Chimären, diese unvernünftigen Verzerrungen, die Rohheit einer fernen Vergangenheit zu entwickeln? Für diejenigen, die rationale Erklärungen brauchen, wurde der Gedanke formuliert, dass diese Kunst formale Eigenschaften besitzt, die uns nützlich scheinen. Ich selbst kann so etwas Unvollständiges nicht akzeptieren. Wir wären von diesen formalen Eigenschaften niemals beeindruckt gewesen, wenn sich darin nicht ein Geist ausdrückte, zu dem wir eine unaussprechliche Verwandtschaft erkennen.

Die Welt ist das, wozu sie der Künstler macht.

Vierter Entwurf

Die Oberfläche der modernen Kunst hat große Ähnlichkeit mit ihrem archaischen Vorläufer. Es ist kein Geschäftsgeheimnis, dass unsere Vergangenheit, afrikanische Skulpturen und die archaische Kunst der Ägäis die mächtigen Katalysatoren der gegenwärtigen Kunst sind. Und überall in der Welt haben die Begabtesten, ob sie ihre Modelle in ihren Ateliers sitzen haben oder sie in ihrem Inneren finden, die Gegenwart verzerrt, um eine Entsprechung zu den Formen von Ninive, dem Nil und der Ebene Mesopotamiens zu finden.

Fünfter Entwurf

Wir bestreiten, dass die Welt der Kunst irgend ein objektives Erscheinungsbild hat. Die Welt ist das, wozu sie der Künstler macht.

Wir bestreiten, dass für die Kunst die Welt der objektiven Erscheinungen Vorrang vor der Welt der Halluzinationen hat.

Uns gefiel die Heftigkeit der Reaktion, ob Zustimmung oder Ablehnung, da sie uns bewies, dass das Bild seine Wirkung entfaltet.

Sechster Entwurf

1. Wir bestreiten, dass die Welt ein objektives Erscheinungsbild hat, die Welt ist das, wozu sie der Künstler macht.

2. Und in dieser Welt ist das Auge nur ein Element in der Gesamtheit der Erfahrungen, es hat keinen Vorrang vor Gefühlen oder Gedanken.
3. Vernunft hat keinen Vorrang vor der Unvernunft, dem Paradox, der Übertreibung, der Halluzination usw.
6. Ein Bild ist nicht seine Farbe, seine Form oder seine Anekdote, sondern ein absichtsvolles Ganzes, dessen Implikationen alle einzelnen Teile transzendiert.[11]

Wir bemühen uns weder darum offensichtlich noch undurchdringlich zu sein, sondern wir wollen unsere Absicht so direkt und schlicht wie möglich ausdrücken.

---

11 Ein kalligraphischer Schnörkel füllt den ansonsten leeren Platz im Manuskript, vielleicht als eine Art Erklärung für den Sprung auf der Liste von Nr. 3 zu Nr. 6.

Rothkos und Gottliebs Leserbrief, 1943

Mark Rothko, Manuskripte und Skizzenhefte, ca. 1935–1943, Acc.No. 2002.M.8, Box 3. Research Library, Getty Research Institute, Los Angeles. Der Brief wurde ungekürzt in Edward Alden Jewell, „The Realm of Art: A New Platform and Other Matters", *The New York Times*, von 13. Juni 1943 abgedruckt.

Mr. Edward Alden Jewell
7. Juni 1943
Art Editor, New York Times
229 West 43 Street
New York, N.Y.

Sehr geehrter Mr. Jewell –
Für den Künstler ist die Funktionsweise des Kritikerverstandes eines der Geheimnisse des Lebens. Das ist vermutlich der Grund, warum die Klage des Künstlers, dass er missverstanden wird, und zwar besonders von den Kritikern, zum unüberhörbaren Allgemeinplatz wurde. Deshalb ist es ein Ereignis, wenn der Wind sich dreht und der Kritiker der Times still, aber öffentlich seine „Verwirrung" bekennt und sagt, unsere Bilder in der Federation Show hätten ihn „verblüfft". Wir begrüßen diese ehrliche und, so könnten wir sagen, freundliche Reaktion auf unsere „obskuren" Gemälde, denn bei anderen Kritikern haben wir offensichtlich ein hysterisches Geschrei ausgelöst. Und wir danken dafür, dass uns die freundliche Gelegenheit zur Darlegung unserer Sichtweise gegeben wird.

Wir haben nicht die Absicht, unsere Bilder zu verteidigen. Sie sprechen für sich selbst. Wir betrachten sie als klare Äußerungen. Dass es Ihnen nicht gelungen ist, die Bilder abzulehnen oder herabwürdigen, ist ein überzeugender Beweis dafür, dass von ihnen eine kommunikative Kraft ausgeht.

Wir weigern uns, die Bilder zu verteidigen, aber nicht, weil wir es nicht könnten. Es wäre ein Leichtes, den Verblüfften zu erklären, dass „Rape of Persephone" [Vergewaltigung der Persephone] ein poetischer Ausdruck des Mythos in seiner Essenz ist, die Darstellung des Konzepts von Samen und seiner Erde mit all seinen brutalen Implikationen, die Wucht der elementaren Wahrheit. Wäre es Ihnen lieber gewesen, wir hätten dieses abstrakte Konzept einschließlich aller komplizierten Gefühle als junges, anmutig daherschlenderndes Pärchen dargestellt?

Ebenso leicht ist es, „The Syrian Bull" als eine neue Interpretation eines archaischen Bildes voller beispielloser Verzerrungen zu erklären. Da Kunst zeitlos ist, hat die bedeutungsvolle Behandlung eines Symbols, mag es noch so archaisch sein, heute die gleiche Gültigkeit wie damals das Symbol selbst. Oder ist das dreitausend Jahre alte Symbol wahrer?

Aber diese banalen Erläuterungen können nur einem Menschen von schlichtem Gemüt weiterhelfen. Selbst ein noch so großer Stapel Kommentare kann sie nicht erklären. Die Erklärung muss sich aus der zwischen Bild und Betrachter vollzogenen Erfahrung ergeben. Die Würdigung von Kunst ist eine wahre geistige Hochzeit. Und wie in der Ehe ist auch in der Kunst Nichtvollzug ein Grund für Annullierung.

Doch wie es uns scheint, geht es nicht um eine „Erklärung" unserer Bilder, sondern darum, ob die in den Bildern enthaltenen Ideen von wesentlicher Bedeutung sind.

Wir sind der Ansicht, dass unsere Bilder unsere ästhetischen Ansichten darlegen, und einige davon führen wir deshalb auf:

1. Für uns ist Kunst ein waghalsiges Unternehmen, in eine unbekannte Welt, die nur von denen erforscht werden kann, die bereit sind, Risiken einzugehen.
2. Diese Welt der Fantasie steht allen offen, sie steht in einem heftigen Gegensatz zum gesunden Menschenverstand.
3. Es ist unsere Aufgabe als Künstler, dem Betrachter unsere Sicht der Welt zu vermitteln – nicht seine eigene.
4. Wir bevorzugen den einfachen Ausdruck des komplexen Gedankens. Wir sind für die große Form, da sie die Wucht des Unzweideutigen hat. Wir wollen die Bildebene neu hervorheben. Wir sind für flache Formen, weil sie Illusionen zerstören und die Wahrheit enthüllen.
5. Unter Malern ist die Ansicht verbreitet, dass es nicht wichtig ist, was man malt, solange es gut gemalt ist. Das ist die Essenz der akademischen Einstellung. Ein gutes Bild ohne Thema gibt es nicht. Wir behaupten, dass das Thema entscheidend ist und dass nur solche

Themen Berechtigung haben, die tragisch und zeitlos sind. Deshalb bekennen wir uns zu einer spirituellen Nähe zur primitiven und archaischen Kunst.

Daraus folgt: Wenn unser Werk diese Überzeugungen verkörpert, muss es all diejenigen vor den Kopf stoßen, die spirituell auf Innenausstattung eingestellt sind, auf Bilder fürs Heim, die man über dem Kaminsims aufhängt, auf Bilder mit amerikanischen Motiven und auf Genrebilder, auf Reinheit in der Kunst, preisgekrönte Publikumsrenner, die National Academy, die Whitney Academy, die Corn-Belt-Academy, Hinterwäldler, hohle Phrasen, etc.

Hochachtungsvoll
Adolph Gottlieb
Marcus Rothko
130 Estate Street
Brooklyn, New York

Das Porträt und der moderne Künstler, von Mark Rothko und Adolph Gottlieb, 13. Oktober 1943

Rothko Papers. Beitrag im WYNC, in der Sendung Art in New York, 13. Oktober 1943. Rothko und Gottlieb erklären in der Radiosendung ihre ästhetischen Prinzipien und erläutern die Bedeutung von Mythos und klassischem Symbolismus in ihrem künstlerischen Werk

ADOLPH GOTTLIEB: Zu Beginn möchten wir gern einen Teil eines Briefes lesen, den wir kürzlich erhalten haben:

„Ich habe ein Porträt immer mit dem Bildnis einer Person verbunden. Deshalb war ich überrascht, Ihre Bilder von mythologischen Figuren, in abstrakter Interpretation, in einer Porträt-Ausstellung zu sehen, und wäre sehr an Ihren Antworten auf die folgenden Fragen interessiert."

Die Fragen dieses Briefschreibers sind so typisch und zugleich so wesentlich, dass wir der Meinung sind, wenn wir sie beantworten, helfen wir nicht nur vielen Menschen, die sich von unserer Arbeit keine richtige Vorstellung machen können, sondern wir verdeutlichen auch unsere Haltung als moderne Künstler im Hinblick auf die Frage des Porträts, was ja das Thema des heutigen Abends ist. Deshalb lesen wir jetzt die vier Fragen vor und versuchen dann, in der kurzen Zeit, die uns zur Verfügung steht, sie so angemessen wie möglich zu beantworten.

Dies sind die Fragen:

1. Warum betrachten Sie diese Bilder als Porträts?
2. Warum verwenden Sie als moderne Künstler Figuren aus der Mythologie?
3. Handelt es sich nicht vielmehr um abstrakte Bilder mit literarischen Titeln?
4. Verleugnen Sie nicht die moderne Kunst, wenn Sie so viel Wert auf das Thema legen?

Mr. Rothko, würden Sie sich bitte der ersten Frage annehmen? Warum betrachten Sie diese Bilder als Porträts?

MARK ROTHKO: Der Begriff Porträt kann für uns unmöglich die gleiche Bedeutung haben wie für vergangene Generationen. Der moderne Künstler hat sich in unterschiedlichem Maße von den Erscheinungen der Natur gelöst, und infolgedessen hat eine Menge der alten Begriffe, die als Fachausdrücke in der Kunst beibehalten wurden, ihre alte Bedeutung verloren. Die Stillleben von Braque und die Landschaften von Lurçat haben genauso wenig eine Beziehung zu konventionellen Stillleben oder Landschaftsbildern wie die Doppelgesichter von Picasso zu traditionellen Porträts. Neue Zeiten, neue Methoden!

Schon vor der Erfindung des Fotoapparats gab es eine klare Unterscheidung zwischen Porträts, die als historische Zeugnisse oder Familienerinnerung dienten, und solchen, die Kunstwerke waren. Rembrandt kannte diesen Unterschied, denn nachdem er darauf bestanden hatte, dass seine Malerei Kunst war, verlor er alle seine Kunden. John Singer Sargent gelang es nie ein Kunstwerk zu schaffen noch einen Kunden zu verlieren – die Gründe dafür liegen auf der Hand.

Es gibt jedoch einen wesentlichen Grund, warum sich der Begriff „Porträt" dennoch weiterhin beharrlich hält, denn das wesentliche Merkmal der großen Porträtkunst zu allen Zeiten ist das nie nachlassende Interesse des Künstlers an der menschlichen Gestalt, an dem Wesen und den Gefühlen des Menschen – kurzum am menschlichen Drama. Dass Rembrandt das Drama ausdrückte, in dem er jemanden Modell sitzen ließ, ist dabei unerheblich. Wir kennen das Modell nicht, aber wir sind uns des Dramas deutlich bewusst. Die Griechen der Antike hingegen benutzten ihre inneren Visionen von ihren Göttern als Vorlagen. Und in unserer Zeit erfüllen unsere Visionen unsere eigenen Bedürfnisse.

Es muss beachtet werden, dass die großen Maler der menschlichen Gestalt dies gemeinsam hatten. Ihre Porträts ähneln sich untereinander viel mehr, als dass sie spezielle Züge des jeweiligen Modells festhalten. In einem gewissen Sinne haben sie in all ihren Porträts ein und dasselbe Wesen gemalt. Das trifft auf Rembrandt und die alten Griechen gleichermaßen zu, oder auf Modigliani, um jemanden zu nennen, der unserer eigenen Zeit näher ist. Die Römer hingegen, deren Porträts naturgetreue Nachbildungen der äußeren Erscheinung sind, haben damit auch nicht annähernd Kunst geschaffen. Damit soll gesagt werden, dass das wirkliche Modell des Künstlers ein Ideal ist, das die Gesamtheit des menschlichen Dramas umfasst, und nicht die äußere Erscheinung eines bestimmten Individuums.

Heute ist der Künstler nicht länger dadurch eingeengt, dass alle Erfahrungen des Menschen sich in seinem äußeren Erscheinungsbild ausdrücken. Von der Notwendigkeit befreit, eine bestimmte Person darzustellen, sind die Möglichkeiten endlos. Die Gesamtheit der menschlichen Erfahrung wird zum Modell des Künstlers, und in diesem Sinne kann man sagen, dass alle Kunst Porträt einer Idee ist.

ADOLPH GOTTLIEB: Der letzte Punkt kann nicht deutlich genug hervorgehoben werden. Jetzt übernehme ich die zweite Frage und löse Sie einen Moment ab. Die Frage lautet: „Warum verwenden Sie als moderne Künstler Figuren aus der Mythologie?"

Ich glaube, jeder, der sich mein Ödipus-Porträt oder Mr. Rothkos *Leda* genau angesehen hat, kann erkennen, dass es sich nicht um die Mythologie von Bulfinch[12] handelt. Die Implikationen lassen sich hier direkt auf das Leben anwenden, und wenn die Darstellung merkwürdig anmutet, dann könnte man ohne Übertreibung das Gleiche von dem Leben in unserer Zeit sagen.

Mir kommt es hingegen merkwürdig vor, dass unsere Themenwahl Anlass zu Fragen gibt, obwohl es dafür so viele Vorläufer gibt. Jeder weiß, dass Maler wie Rubens, Tizian, Veronese oder Velázquez häufig griechische Mythen benutzten, so wie in jüngerer Zeit Renoir und Picasso.

Man könnte sagen, dass diese Fabeln und fantastischen Legenden heute nicht mehr verständlich und daher bedeutungslos sind, außer für Anthropologen oder für jemanden, der die Mythologie studiert. In diesem Sinne könnte jedes Thema, dass in der Kunst der Vergangenheit oder der Gegenwart nicht explizit verständlich ist, als obskur betrachtet werden. Doch das ist offensichtlich nicht der Fall, da ein in der Kunst bewanderter Mensch keine Schwierigkeiten hat, die Bedeutung chinesischer, ägyptischer, afrikanischer, frühchristlicher oder auch prähistorischer Kunst sowie die Kunst der Eskimos oder der alten Griechen zu erfassen, obwohl er mit den religiösen Gebräuchen oder dem Aberglauben dieser Völker höchstens flüchtig bekannt ist.

Der Grund dafür ist einfach der, dass alle echten Kunstformen Darstellungen verwenden, die von jedem, der mit der weltweiten Sprache der Kunst vertraut ist, verstanden werden können. Deshalb benutzen wir Bilder, die sich all jenen unmittelbar erschließen, die Kunst als Sprache des Geistes annehmen,

---

12 Thomas Bulfinch: The Age of Fable or Beauties of Mythology, New York, 1913

die aber anderen, die sich Informationen oder Kommentare dazu erbeten, wie perönliche Symbole vorkommen.

Würden Sie, Mr. Rothko, jetzt bitte die nächste Frage beantworten: „Handelt es sich nicht vielmehr um abstrakte Malerei mit literarischen Titeln?"

MARK ROTHKO: Weder Mr. Gottliebs Bilder noch meine eigenen sollten als abstrakte Gemälde betrachtet werden. Sie wollen eine formale Farbe-Raum-Anordnung weder schaffen noch betonen. Sie weichen von der natürlichen Darstellung nur ab, um das im Titel benannte Thema umso intensiver auszudrücken – nicht um es abzuschwächen oder gar auszulöschen.

Wenn unsere Titel sich auf die bekannten Mythen der Antike beziehen, so haben wir sie deshalb verwendet, weil es die ewigen Symbole sind, auf die wir zurückgreifen müssen, um grundlegende psychologische Ideen auszudrücken. Es sind die Symbole für die menschlichen Urängste und Beweggründe, die in allen Ländern und zu allen Zeiten die gleichen sind und sich nur in Kleinigkeiten, nicht aber dem Wesentlichen unterscheiden, sei es bei den Griechen, Azteken, Isländern oder Ägyptern. Und die moderne Psychologie entdeckt sie in unseren Träumen, unserer Sprache, unserer Kunst, trotz all der Veränderungen der äußeren Lebensbedingungen.

Unsere Darstellung dieser Mythen muss jedoch zu unseren eigenen Bedingungen geschehen, die gleichzeitig primitiver und moderner sind als die Mythen selbst – primitiver, weil wir die ureigensten und atavistischen Wurzeln der Idee suchen statt ihrer anmutigen klassischen Version; und moderner als die Mythen selbst, weil wir ihre Implikationen durch unsere eigene Erfahrung neu beschreiben müssen. Wer der Ansicht ist, dass die heutige Welt sanfter und anmutiger ist als die rücksichtslosen Leidenschaften, denen diese Mythen entspringen, nimmt entweder die Wirklichkeit nicht bewusst wahr oder möchte sie nicht in der Kunst behandelt sehen. Der Mythos hält uns fest, nicht durch seinen romantischen Beigeschmack, nicht durch die Erinnerung an die Schönheit einer verflossenen Zeit, nicht durch die Möglichkeiten der Fantasien, sondern weil er für uns etwas Wirkliches ausdrückt, das in uns existiert, so wie es für diejenigen war, die als erste auf diese Symbole stießen um ihnen Leben einzuhauchen.

Würden Sie, Mr. Gottlieb, bitte die letzte Frage beantworten. Sie lautet: „Verleugnen Sie nicht die moderne Kunst, wenn Sie so viel Wert auf Thematik legen?"

ADOLPH GOTTLIEB: Es stimmt, dass die moderne Kunst die Themenauswahl stark begrenzt hat, um die technischen Aspekte der Malerei auszuschöpfen. Das ist auf brillante Weise von einer Reihe von Malern gemacht worden, und sie sind dabei weit genug gegangen. Die Surrealisten haben ihren Glauben an das Thema aufrecht erhalten, aber uns reicht es nicht, Träume abzubilden.

Während die moderne Kunst ihren ersten Anstoß durch die Entdeckung der Formen primitiver Kunst erhalten hat, glauben wir, dass ihre wahre Bedeutung nicht allein in formaler Anordnung liegt, sondern in der spirituellen Bedeutung, die allen archaischen Werken zugrunde liegt.

Dass diese dämonischen und brutalen Bilder uns heute faszinieren, liegt weder daran, dass sie exotisch sind, noch daran, dass sie in uns Sehnsucht nach einer vergangenen Zeit wecken, die ihrer Entrücktheit wegen zauberhaft erscheint. Im Gegenteil, es ist die Unmittelbarkeit der Bilder, die uns unwiderstehlich zu den Fantasien zieht, zum Aberglauben, zu jenen Fabeln von Wilden und zu den merkwürdigen Glaubensvorstellungen, die von Naturvölkern so anschaulich artikuliert wurden.

Wenn wir uns zu einer Verwandtschaft mit der Kunst der Naturvölker bekennen, dann deshalb, weil die Gefühle, die sie ausdrückten, in der heutigen Zeit eine besondere Aktualität haben. In Zeiten der Gewalt erscheinen persönliche Vorlieben für Feinheiten in Farbe und Form irrelevant. Alle primitiven Ausdrucksformen offenbaren ein fortwährendes Bewusstsein machtvoller Kräfte, der unmittelbaren Gegenwart von Furcht und Schrecken, eines Erkennens und Akzeptierens der Brutalität der natürlichen Welt, sowie der ewigen Unsicherheit des Lebens.

Es ist ein trauriger Umstand, dass solche Gefühle heute die Erfahrung vieler Menschen in der ganzen Welt bestimmen, und eine Kunst, die diese Gefühle vertuscht oder sie meidet, ist für uns oberflächlich oder bedeutungslos. Deshalb bestehen wir auf Themen, die solche Gefühle aufgreifen und eine Möglichkeit schaffen, sie auszudrücken.

Bemerkungen zu „The Omen of the Eagle", 1943

Aus Sidney Janis, *Abstract and Surrealist Art in America,* New York, 1944, S. 118

Das Thema ist aus Aischylos' Agamemnon-Trilogie abgeleitet. Das Bild befasst sich nicht mit der Episode an sich, sondern mit dem Geist des Mythos, der exemplarisch für alle Mythen zu allen Zeiten ist. Es geht dabei um einen Pantheismus, in dem der Mensch, Vögel, Tiere und Bäume – die bekannten wie auch die erkennbaren – zu einer einzig tragischen Idee verschmelzen.

Mark Rothko 1962 in New York mit *Tiresias* (1944), Foto: Kurt Blum

Autobiographische Skizze, um 1945

> *Rothko Papers.* Offenbar wurde diese kurze autobiographische Skizze von Rothko für seine Ausstellung vom 9. Januar bis 4. Februar 1945 in der Galerie Art of This Century verfasst. Zwei Versionen sind erhalten, von denen nachfolgende die umfassendere ist.

Geboren 1903 in Dwinsk (Lettland); 1913 nach Portland, Oregon, ausgewandert. Ab 1921 Studium in Yale. Meine Interessen waren vielfältig und galten, ausgehend von meinen starken gesellschaftlichen Sympathien, der Wirtschaftslehre der Arbeiterbewegung, der Mathematik, für die ich eine natürliche Neigung zu haben schien, und der Literatur als jugendlichem Luxus. 1923 brach ich mein Studium ab und kehrte nach Portland zurück, wo ich einer kleinen Theatertruppe beitrat. Hier hatte ich meine erste Begegnunge mit der Welt von Gestaltung und Farbe.

1926 wurde ich als Student in Max Webers Art Students' League in New York aufgenommen, wo ich drei Monate blieb.

In der Opportunity Gallery wurden 1929 zum ersten Mal Bilder von mir gezeigt, 1933 hatte ich meine erste Einzelausstellung in der Contemporary Art Gallery. 1934 wurde ich Mitglied der Secession Gallery und war maßgeblich an der Gründung von „The Ten" beteiligt, der ersten Gruppe expressionistischer Maler in Amerika, mit der ich über fünf Jahre lang ausstellte, sowohl hier als auch in Paris. Die Verbindung mit den Künstlern dieser Gruppe war ein äußerst anregender Einfluss auf meine Entwicklung.

Meine letzten Arbeiten aus dieser Phase wurden 1939 von J. B. Neuman in seiner Galerie gezeigt. Kurz darauf kam ich zu der Überzeugung, dass diese Richtung den Ausdruck meiner Möglichkeiten und Vorlieben begrenzen würde. Ich hörte auf zu malen und verbrachte fast ein Jahr damit, sowohl durch Schreiben als auch durch Studium meine Ideen über Mythos und Anekdote, die Grundlage meiner gegenwärtigen Arbeit, zu entwickeln. Dies ist die erste umfassende Ausstellung meiner Arbeiten zu diesem Thema.

Brief an Emily Genauer, 1945

Emily Genauer Papers (ca. 1930–1995). Archives of American Art, Smithsonian Institution, Washington, D.C. Genauer war Kunstkritikerin und eine mit dem Pulitzer Preis ausgezeichnete Journalistin, die für die *New York World*, das *Telegram* und für die *Sun* arbeitete. Rothko schrieb ihr mit der Bitte, eine Besprechung der Ausstellung zu veröffentlichen, in der er fünfzehn Bilder zeigte, darunter „The Syrian Bull", „Birth of Cephalopods", „Poised Elements" und „Slow Swirl at the Edge of the Sea".

Mark Rothko
22 West 52nd Street
New York City
15. Januar 1945

Miss Emily Genauer
World Telegram
New York City

Sehr geehrtes Fräulein Genauer –
Nachdem ich Sie bei der Eröffnung meiner Ausstellung in Art of the Century gesehen hatte, war ich überaus enttäuscht, am Samstag nicht Ihre Meinung darüber lesen zu können. Deshalb möchte ich Ihnen einfach in Erinnerung rufen, dass die Ausstellung bis zum 4. Februar läuft, und sollten Sie an einem der nächsten Samstage Platz für eine Besprechung finden, so würde mich das sehr glücklich machen.

    Hochachtungsvoll,
    Mark Rothko

Ich halte mich an die Wirklichkeit der Dinge, 1945

> Rothko Papers. Entwurf einer persönlichen Stellungnahme für den
> Ausstellungskatalog Painting Prophecy, 1950, David Porter Gallery.

Ich halte mich an die Wirklichkeit der Dinge und ihre ihre Wesentlichkeit. Indem ich die Ausmaße dieser Wirklichkeit vergrößere, tue ich lediglich genau das: Ich vergrößere die Ausmaße der Wirklichkeit, erhöhe die Zahl der Bewohner und ordne ihnen entsprechende Attribute zu, so wie ich sie in der mir vertrauten Umwelt erfahre. Ich bestehe darauf, dass die im Kopf erzeugte Welt, und die sichtbare von Gott erschaffene, gleichermaßen existieren. Wenn ich die Verwendung bekannter Objekte aufgegeben habe, dann deshalb, weil ich mich weigere, ihr Erscheinungsbild zugunsten der Unerbittlichkeit eines Reizes und eines Leben zu verstümmeln, dem zu dienen sie zu alt sind und für das sie vielleicht niemals gedacht waren.

Ich streite mit dem Surrealismus und der abstrakten Kunst nur so, wie man mit Vater und Mutter streitet, denn ich erkenne die Unentrinnbarkeit und Bestimmung meiner Wurzeln, bestehe jedoch auf der Uneinigkeit und bin sowohl diese als auch eine, davon völlig unabhängig existierende neue Einheit.

Für mich haben die Surrealisten das Glossar der Mythen freigelegt und eine Phantasmagorie des Unbewussten erstellt, die mit den Objekten des Alltagslebens übereinstimmt. Damit meine ich das Hochgefühl tragischer Erfahrung, das die einzige Quellensammlung der Kunst ist. Aber ich liebe sowohl den Gegenstand als auch den Traum viel zu sehr, als dass ich sie in der Unwirklichkeit von Erinnerung und Halluzination verpuffen sehen möchte.

Persönliche Stellungnahme, 1945

> Aus David Porter, *Personal Statement, Painting Prophecy,* 1950 Washington D.C., 1945. Porters Arbeit befasst sich mit Künstlern, die seiner Meinung nach einen neuen Trend in der Kunst verkörpern: Baziotes, Stuart Davis, Jimmy Ernst, Gottlieb, Knaths, Pollock, Richard Pousette-Dart und Rothko. Den Text schrieb Rothko für den Katalog der Ausstellung *Painting Prophecy*.

Ich halte mich an die materielle Wirklichkeit der Welt und an die Substanz der Dinge. Ich vergrößere lediglich die Ausmaße der Wirklichkeit und ordne ihnen Attribute zu, die den Erfahrungen in der uns vertrauten Umwelt entsprechen. Ich bestehe darauf, dass die im Kopf erzeugte Welt, und die sichtbare, von Gott erschaffene, gleichermaßen existieren. Wenn ich zögere, bekannte Gegenstände zu verwenden, dann deshalb, weil ich mich weigere, ihr Erscheinungsbild einer Handlung zuliebe zu verstümmeln, der zu dienen sie zu alt sind oder für die sie vielleicht niemals gedacht waren.

Ich streite mit dem Surrealismus und der abstrakten Kunst nur so, wie man mit Vater und Mutter streitet, denn ich erkenne die Unentrinnbarkeit und Bestimmung meiner Wurzeln, bestehe jedoch auf der Uneinigkeit und bin sowohl diese als auch eine davon völlig unabhängig existierende neue Einheit. Die Surrealisten haben das Glossar der Mythen freigelegt und zwischen der Phantasmagorie des Unbewussten und den Gegenständen des Alltags eine Übereinstimmung gezeigt. Diese Übereinstimmung stellt das Hochgefühl der tragischen Erfahrung dar, die einzige Quellensammlung der Kunst. Aber ich liebe sowohl den Gegenstand als auch den Traum viel zu sehr, als dass ich sie in der Unwirklichkeit von Erinnerung und Halluzination verpuffen sehen möchte. Die abstrakten Künstler haben vielen ungesehenen Welten und Zeiten eine materielle Existenz verliehen. Aber ich weise ihr Leugnen der Anekdote zurück, so wie ich auch das Leugnen der materiellen Existenz der gesamten Realität zurückweise. Denn für mich ist Kunst die Anekdote des Geistes und die einzige Möglichkeit, den Zweck seiner Lebendigkeit und seines Stillseins greifbar zu machen. Lieber wäre ich verschwenderisch als kleinlich, lieber würde ich einen Stein mit anthropomorphen Attributen ausstatten, als der geringsten Möglichkeit des Bewusstseins das Menschliche abzusprechen.

Leserbrief an die *New York Times*, 8. Juli 1945

> *New York Times*, 8. Juli 1945. Zusammen mit Gorky, Gottlieb, Horrman und Pollock stellte Rothko in der 67 Gallery in New York aus. Die Ausstellung hatte den Titel „A Problem for Critics" [Ein Problem für Kritiker]. Anlässlich der Ausstellung veröffentlichte Edward Alden Jewell einen Artikel in der *New York Times* („Hin zu abstrakter Kunst oder weg", 1. Juli 1945) über die neue „Metamorphose" der amerikanischen Künstler. Dies ist Rothkos Antwort.)

Die Diskussion an der Frage aufzuhängen, ob wir uns dem natürlichen Erscheinungsbild der Dinge annähern oder davon entfernen, scheint mir irreführend, denn ich glaube nicht, dass die hier zur Debatte stehenden Gemälde sich mit dieser Frage befassen. Einige Formen der Abstraktion, zum Beispiel der Kubismus, stützten sich zunächst stark auf die natürliche Erscheinung; andere, zum Beispiel der Purismus, mieden jegliche Assoziation mit realen Gegenständen und deren Umgebung. Wir hingegen sind in einem gewissen Sinne Erschaffer von Mythen und als solche weder für noch gegen die Wirklichkeit eingenommen. In unseren Bildern, wie in allen Mythen, gibt es kein Zögern, Fetzen von Wirklichkeit mit dem zu vermengen, was „unwirklich" genannt wird, und auf der Gültigkeit der Verschmelzung zu bestehen.

Wenn es Ähnlichkeiten zwischen archaischen Formen und unseren eigenen Symbolen gibt, ist der Grund dafür nicht der, dass wir sie bewusst abgeleitet hätten, sondern vielmehr der, dass wir uns mit ähnlichen Bewusstseinszuständen und Beziehungen zur Welt befassen. Angesichts dieses objektiven Sachverhalts müssen wir unweigerlich auf ähnliche Bedingungen stoßen, unter denen wir unsere Formen entwickeln und schaffen.

Wenn frühere Abstraktionen eine Vorliebe für wissenschaftliche und objektive Aspekte unserer Zeit spiegelten, dann finden unsere ein bildliches Äquivalent für das neue Wissen und Bewusstsein des Menschen über sein zunehmend komplexes inneres Selbst.

Mark Rothko

Brief an Barnett Newman, 31. Juli 1945

Barnett Newman Papers, 1943 –1971, Mikrofilm Rolle 3481. Archives of American Art, Smithsonian Institution, Washington, D.C.

Lieber Barney, liebe Annalee –
Vor ein paar Tagen rief Morton an und berichtete aus erster Hand über Euch und Provincetown. Wir sprechen natürlich immer noch darüber, denn es waren die besten Ferien unseres Lebens. Eure Umsicht und Liebenswürdigkeit als Gastgeber, dazu der natürliche Charme des Ortes - zusammen ist das unschlagbar.

Ich schicke Euch die Ausgaben der *Times*, die Ihr wahrscheinlich nicht bekommen habt. Wie Ihr sehen werdet, war die Leiche nie besonders lebendig und ist jetzt ordentlich aufgebahrt. Jewell ist weg, und [Name unleserlich] ist zum Philosophen geworden. Ich habe Howard besucht und erfahren, dass er einen zweiten leichten Infarkt hatte. Es scheint ihm aber gut zu gehen. Das hat mir aber wieder bewusst gemacht, wie wichtig unserer Gespräche über deine mögliche Funktion in der Sache sind.

Seit wir wieder hier sind, habe ich eine Menge geschafft. Ich habe mir selbst die Aufgabe gestellt, meine Symbole weiter zu konkretisieren, was mir viel Kopfzerbrechen bereitet, aber auch die Arbeit sehr beglückend macht. Leider ist es uns nicht möglich, die Dinge richtig zu Ende zu denken, und wir müssen hinnehmen, dass wir auf eine klarere Sicht lediglich zustolpern.

Ich hoffe, das macht Dich neidisch und spornt Dich zu größeren Anstrengungen an. Denke an Dein Versprechen, zwei Kapitel zu liefern, von denen ich eins in den nächsten ein, zwei Wochen per Post erwarte.

Am meisten interessiert mich jedoch Annalees neue Frisur, und ich hoffe, dass Dianne damit weitermacht, trotz ihres schlimmen Rückens (der hoffentlich nicht mehr so schlimm ist). Ich möchte, dass wir beide die schönsten Ehefrauen in Gefangenschaft halten, da wir beide eine unhaltbar romantische Einstellung zu dieser fragwürdigen Angelegenheit haben.

Jetzt gebe ich an Mell weiter, die sagen wird, was immer sie sagen möchte.
Einstweilen liebe Grüße an Euch alle

Mark

Einführung zu First Exhibition Paintings: Clyfford Still, 1946

> Ausstellungskatalog Art of This Century Gallery, New York, 1946. Rothko machte Clyfford Still (1904–1980), den bekannten Maler des abstrakten Expressionismus, mit Peggy Guggenheim bekannt. Rothko und Still waren bis in die frühen fünfziger Jahre gute Freunde, dann warf Still Rothko vor, er habe seinen Stil und seine ästhetischen Ideale korrumpiert.

Es ist von großer Bedeutung, dass Still, der an der Westküste arbeitet, und auch noch allein, zu einer bildlichen Auffassung gelangt ist, die der ganz ähnlich ist, zu der die kleine Gruppe von Mythenerschaffern gelangt ist, die hier im Krieg entstanden ist. Die Tatsache, dass seine Auffassung eine völlig neue Facette dieser Idee aufgreift und sowohl noch nie dagewesene Formen als auch ganz persönliche Methoden anwendet, bezeugt abermals die Lebendigkeit der Bewegung.

Still meidet die derzeitige Vorliebe für Genre und die Nuancierung formaler Anordnungen und findet einen Ausdruck für das tragisch-religiöse Drama, das für alle Mythen zu jeder Zeit charakteristisch ist, unabhängig davon, wo und wann sie auftreten. Er schafft neue Gegenstücke, mit denen er die alten mythologischen Mischformen ersetzt, die im Laufe der Jahrhunderte ihre Relevanz verloren haben.

Für mich sind die Dramen der Bilder von Still eine Ausweitung des griechischen Persephone-Mythos. Er selbst sagt über seine Bilder, sie seien „von der Erde, von den Verdammten und den Wiedererschaffenen."

Jede Form wird zu einer organischen Einheit und lädt zu der Vielfalt von Assoziationen ein, die allen lebendigen Dingen innewohnt. Für mich bilden sie die Theogonie des wesentlichen Bewusstseins, das sich kaum seiner selbst bewusst ist und nur den Willen zum Leben kennt – eine tiefgreifende und bewegende Erfahrung.

Brief an Barnett Newman, 17. Juni 1946

Barnett Newman Papers, 1943–1970, Mikrofilm Spule 3481. Archives of American Art, Smithsonian Institution, Washington, D.C.

Louse Point Springs
East Hampton, L.I.

Lieber Barney, liebe Annalee –
Hier ist es himmlisch. Mell [unleserlich]. Also, Ihr müsst unbedingt herkommen, wenn Ihr Euch auf den Weg nach Provincetown macht. Vielleicht am nächsten Wochenende? Ich habe gehört, wenn man erst mal den Boulevard verlässt, ist nur noch wenig Verkehr.

Es war eine sehr gute Idee, dass wir morgens mit dem Zug hergekommen sind. Am Samstag schließen die Geschäfte abends um sechs. Wir kamen um ein Uhr an, haben Motherwell angerufen, der auch diesmal außergewöhnlich freundlich war, und binnen einer Stunde hatten wir genug Vorräte für eine Woche zusammen. Uns beiden, ich meine Euch und uns, ist also die Sorge und Anspannung der [unleserlich] Sache erspart geblieben. Wir sind bestens ausgestattet und können Euch gebührend bewirten, falls Ihr nächsten Freitag oder Samstag herkommt.

Könnt Ihr uns umgehend Bescheid sagen? Wenn Ihr nicht kommen könnt, würdet ihr dann bitte Aaron für uns anrufen und ihn fragen, ob er und Jonesey kommen mögen? Wir wissen, dass Ihr alle nächsten Monat keine Zeit habt, und wir wären traurig, wenn Ihr für den Sommer entschwinden würdet, ohne dass wir etwas Zeit miteinander verbracht hätten.

Wenn Ihr kommt, ist es ratsam, ein, zwei Wolldecken mitzubringen. (Die Nächte sind kalt hier.) Und Fleisch – das ist hier ganz knapp. Aber es gibt reichlich Hühner und Enten – wenn Ihr damit vorlieb nehmen könnt.

Versucht es also, wir freuen uns darauf, das nächste Wochenende mit Euch zu verbringen. Ich glaube, es wird Euch ebenso gut gefallen wie uns. Sagt uns schnell Bescheid.

Mark

Brief an Barnett Newman, August 1946

Barnett Newman Papers, 1943–1971, Mikrofilm Spule 3481. Archives of American Art, Smithsonian Institution, Washington, D.C.

Lieber Barney, liebe Annalee –
Ist Euch klar, dass der Sommer fast vorüber ist? Wo ist er hin? Ich weiß nicht, ob ich Euch schon erzählt habe, dass wir unsere Reise in den Westen auf Oktober verschoben haben und dass wir bis dahin hier auf dem Land [in East Hampton, New York] bleiben. Nun, so haben wir es gemacht, und deshalb lässt es sich vielleicht einrichten, dass ihr uns hier draußen nach Eurer Rückkehr aus Provincetown besucht.

Das mit Deinem Rücken und so weiter tut mir leid. Ich nehme an, das hat unsere Sommer-Korrespondenz zur Strecke gebracht. Ich hoffe, Du hast meine Geschosse an Adolph[13] gesehen, in denen ich ihm die hiesige Szene geschildert habe. Du erinnerst Dich vielleicht, dass wir unseren jetzigen Aufenthaltsort gewählt haben, um den Intrigen vom Winter zu entgehen, aber sei beruhigt, hier gibt's auch reichlich davon! Vermutlich kann man unseren Tumulten nicht mehr entfliehen.

Insgesamt halte ich Bob[14] für einen liebenswürdigen und interessanten Kerl und Baziotes[15] für einen lebhaften, prima Menschen. Pollock ist seine eigene unabhängige und unablässige Werbeagentur, und Harold Rosenberg[16] hat einen der besten Köpfe, dem man begegnen könnte, voller Scharfsinn und Menschlichkeit und mit einer genialen Fähigkeit, die Dinge makellos auszudrücken. Doch ich bezweifle, dass er uns viel nützen wird. Paalen[17] war auch da, außerdem Strop usw., blasse Chose, alle beide! So sieht das Panorama hier aus.

---

13 Adolph Gottlieb
14 Robert Motherwell
15 William Baziotes (1912-1963), Künstler und Mitglied der New York School
16 Harold Rosenberg (1906-1978), Kunstkritiker. Zusammen mit Clement Greenberg war Rosenberg der wichtigste Theoretiker des Abstrakten Expressionismus. Von ihm stammt der Begriff „action painting" als Bezeichnung für die Arbeitsweise der New York School.
17 Wolfgang Paalen, surrealistischer Künstler, geboren in Wien 1905, gestorben in Mexiko 1959

Was die Arbeit betrifft, so bin ich dabei, und die Sachen häufen sich an, oder so kommt es mir vor, wenn ich es zusammenstelle. Den wenigen Leuten hier scheint es zu gefallen, und bevor wir hier wegfahren, wird es vielleicht noch besser.

Habe an Betty[18] geschrieben und ihr die Provision für den Bertha Schaeffer-Verkauf geschickt. Habe sie außerdem an die Ausstellung in San Francisco erinnert, die vom 31. August bis zum 8. September stattfindet.[19]

In Deinem Brief schreibst Du, dass Du Dir eine ideale Situation für Arbeit und Spiel geschaffen hast, und ich hoffe, Du hast zu beidem reichlich Gelegenheit. Ich lechze nach Klatsch. Schick mir welchen, unverzüglich.

(Habe von Sweeney einen Brief bekommen, der mich besuchen und meine neuesten Arbeiten sehen will. [Vos is dos?][20])

Mell geht es sehr gut, und sie lässt Dich und Annalee herzlich grüßen.
Mark

P.S. Still ist jetzt in San Francisco – er hat von Betty nichts gehört. Weißt Du was Neues?

---

18 Betty Parson, in deren 1946 eröffneter Galerie Rothko auszustellen begann. Sie wurde Rothkos erste Managerin und organisierte zwischen 1947 und 1951 fünf Einzelausstellungen für ihn.
19 Rothko bezieht sich auf die Ausstellung im San Francisco Museum of Modern Art, seine erste Einzelausstellung in einem Museum, die Ausstellung im Portland Museum of Art 1933 nicht mitgezählt.
20 Rothko meinte offensichtlich das Deutsche „Was ist das?"

Brief an Barnett Newman, 19. Juli 1947

Barnett Newman Papers, 1943-1971, Mikrofilm Spule 3481. Archives of American Art, Smithsonian Institution. Im Sommer 1947 und 1949 war Rothko Gastprofessor an der California School of Fine Arts.

Lieber Barney, liebe Annalee –
Habe von Hubert und Betty das mit Deinem Vater gehört. Wünschte, wir wären in der Nähe, um Dir die Dinge zu erleichtern, denn mir war immer bewusst, dass Du eine besondere Zuneigung zu ihm hattest. Vielleicht kannst Du ja eine Weile wegfahren und alles ein wenig hinter Dir lassen. Jedenfalls, schreib uns doch, wenn möglich, damit wir wissen, was Du vorhast.

Das Leben hier war ein paar Wochen lang recht hektisch, doch jetzt sind unsere Gäste einer nach dem anderen abgereist und endlich ist es ungefähr wieder so wie vorher. Aaron ist zur Zeit in Los Angeles und kommt noch einmal her, bevor er zur Ostküste zurückkehrt. Vor seiner Abreise hat er zwei Ausstellungen arrangiert, eine in der Schule und eine im Legion of Honor Museum. Cliffs Ausstellung läuft, er zeigt auch einige neue Sachen und hat die Stadt im Sturm erobert. Wir selbst konnten unseren Aufenthalt verlängern und kommen erst Ende August zurück. Was die Vorlesungen angeht, so ist das, wovon Du geschrieben hast, nie aufgekommen, und ich musste mich gar nicht damit auseinandersetzen. Ich hatte den Mut, völlig unvorbereitet in die Vorlesung zu gehen und einfach drauf los zu erzählen, und vielleicht habe ich so viele unserer gemeinsamen Ideen mit einer Lebendigkeit vermitteln können, wie es mir vielleicht nicht gelungen wäre, hätte ich versucht, das Material nach irgendeinem System zu ordnen. Die Diskussionen zwischen Dir und mir sind eine Privatangelegenheit und da wir eine unterschiedliche Terminologie benutzen, wurden unsere Konflikte hier nicht reproduziert.

Insgesamt lässt sich sagen, dass dies hier eine anstrengende, aber auch eine lebendige Erfahrung ist. Dennoch freue ich mich darauf, wieder zur Ruhe und nach Hause und zu mir selbst zu kommen, und ich denke mit Vorfreude daran, dass wir uns sehr bald wiedersehen werden. Diese Wochen vergehen wie im Fluge.

Ich schicke Euch beiden die herzlichsten Grüße von Mell und Barb, Mark

Brief an Herbert Ferber, ca. Herbst 1947

> Archives of American Art, Smithsonian Institution. Rothko schrieb diesen Brief während seines Aufenthalts als Gastlehrer an der California School of Fine Arts, San Francisco. Der Brief ist nicht datiert, aber im folgenden Brief an Clay Spohn erwähnt Rothko die Leavenworth Street, wo er in jenem Sommer in San Francisco lebte.

2500 Leavenworth
Sonntag

Lieber Herbert, liebe Ilse –
Die Stadt ist unsagbar schön und das Wetter perfekt. Wir sind gerade von einer Besichtigungsfahrt um die Bucht zurückgekehrt und werden bereits traurig bei dem Gedanken, dass die Zeit so schnell vergeht und wir schon bald wieder abreisen müssen. Das Wetter ist zur Zeit (und, so sagt man mir, immer) herbstlich mild, in einer Kombination von Frische und Melancholie – was Nahrung für meine slawischen Vorlieben ist. (Noch dazu wohnen wir auf dem Russian Hill.)

Es besteht kein Zweifel, dass die Stadt es allein wegen ihrer visuellen Attribute verdient hätte, als das Kunstzentrum der Welt zu gelten, und dass wir etwas unternehmen müssen, damit das zustande kommt. Ich schlage vor, dass wir die Europäische Kunst verleumden und die orientalische Kunst herausstellen – was zur Folge hätte, dass sich die kommerziellen und ideologischen Stränge zum Pazifik verlagern würden.

Das Unterrichten läuft einigermaßen schmerzlos, und ich hatte die Hoffnung, nachdem ich meine erste Vorlesung stolpernd und stotternd überstanden hatte, dass es meine letzte sein würde. Aber leider liebt man in diesem Land aufgrund von Klima und Gemüt fremdartige Klänge bei Nacht. So wurde beschieden, dass die mangelnde Artikulationsfähigkeit orakelhaft sei und dass ich weitermachen müsse. Aber wenigstens erspart es mir, mich darum zu sorgen, ob die Vorlesungen vorbereitet sind oder einen Sinn ergeben

Bisher spielt sich unser gesellschaftliches Leben um die Schule herum ab – mit Still, den MacAgys[21] und einigen Lehrern, was äußerst angenehm ist. Heute jedoch werden wir zweifellos unsere Sphäre bei einer Cocktail-Party erweitern, die, so glaube ich, genau zu dem Zweck gegeben wird. Dann werden wir jede Menge Klatsch haben, und ich versichere Dir, wirklich jede Menge, womit wir Euch am Kaminfeuer in Eurem Haus unterhalten werden.

Meine Leinwand ist trocken, mein Papier ist gespannt. Jetzt müsste nur noch eine Idee ihren Weg in meinen Kopf finden. Übrigens bisher immer noch keine Nachricht von S. L. Ich werde ihnen in ein paar Tagen schreiben.

In Erinnerung an die herrliche Abschiedsparty bei Euch schicke ich Dir Mells herzlichste Grüße und meine eigenen dazu und erinnere Dich daran, dass eine postwendende Antwort sehr willkommen wäre.

Mark

21 Douglas MacAgy, Direktor der California School of Fine Arts

Brief an Clay Spohn, 24. September 1947

Clay Spohn Papers, 1862–1985 , 2, Teil 2.2: Korrespondenz 1925–1981, Box 1, Mikrofilm Spule 5461. Archives of American Art, Smithsonian Institution, Washington D.C. Clay Spohn war Professor an der California School of Fine Arts; mit ihm war Rothko in tiefer Freundschaft verbunden.

1288, 6th Avenue
N.Y.

Lieber Clay -
Dies ist eine kurze Mitteilung, dass wir an Dich denken, und die Kürze ist ein Zeichen dafür, dass alles noch im Chaos ist, Übergang zu einem geordneten Leben - was wir eigentlich nie gehabt haben und wahrscheinlich auch nie haben werden. Doug & Jerry sind hier, und als wir uns letzte Woche mit ihnen getroffen haben, war es wie eine Fortsetzung von der Leavenworth Street mit all ihren Bewohnern - als wären wir nie weg gewesen. San Francisco war in den ersten Tagen nach unserer Abreise völlig im Dunst, aber es wird immer klarer und die Erinnerungen umso reizvoller, je mehr Zeit vergeht.

Jerry ist damit beschäftigt, Tausende von Bildern für die Jahresausstellung zu sammeln, und Doug ist wohl gerade von seiner Vorlesung in Baltimore zurückgekommen. Wir mögen sie immer noch und immer wieder aufs Neue.

Die Bilder, die ich in San Francisco gemalt habe, sind angekommen, und ich habe sie auf Keilrahmen aufgezogen. Nachdem ich dort nicht in der Lage war, sie zu beurteilen, bin ich jetzt zu dem Schluss gekommen, dass in dieser Hinsicht nicht alles umsonst war. Dort sind Elemente aufgetreten, die ich weiter entwickeln werde und die in meiner Arbeit neu sind und mich, zumindest zur Zeit, stimulieren - was mir zumindest die Illusion verschafft, das kommende Jahr nicht damit zu verbringen, die Gefühle vom letzten Jahr wiederzukäuen. Das Bild, das ich von Cliff habe, ist auch angekommen und sieht noch besser aus, als ich in Erinnerung hatte.

Ich glaube, ich fange an, San Francisco als das klassische Goldene Zeitalter zu betrachten, mit dem wunderschönen Hof und der Tereasse und den klaren frischen Nachmittagen und unseren Gesprächen dort. Ich denke, Du musst dort jetzt recht glücklich sein, mit Deinem Unterricht und Deiner Arbeit. Ich hoffe es.

Richte bitte unsere herzlichsten Grüße an Cliff, Hassel und Elmer[22] sowie alle anderen aus und sage ihnen, dass ich bald schreiben werde, und exakt dasselbe von Mell.

Mark

Würde mich über einen Brief in nächster Zeit freuen.

---

22 Hassel Smith und Elmer Bischof, Professoren an der California School of Fine Arts. Smiths marxistisches Konzept von Kunst kollidierte oft mit dem von Rothko und Still.

Die Iden der Kunst: Zehn Künstler erklären ihre Einstellung zu ihrer Kunst und Zeitgenossenschaft, 1947

The Tiger's Eye, Nr.2 (Dezember 1947), S. 44. *The Tiger's Eye*, eine von Ruth Stephan herausgegebene Kulturzeitschrift, erschien von Oktober 1947 bis 1949.

Ein Bild lebt von Gesellschaft, es weitet sich im Auge des empfindsamen Betrachters und erwacht zum Leben. Auf die gleiche Weise stirbt es. Deshalb ist es ein riskantes und gefühlloses Unterfangen, es in die Welt hinauszuschicken. Wie oft wird es durch die Blicke vulgärer Betrachter und die Grausamkeit der Unfähigen, die ihre Unzulänglichkeit auf die ganze Welt auszudehnen trachten, dauerhaft beschädigt!

Die Romantiker fühlten sich aufgerufen, 1947

Possibilities 1 (1947–1948), S. 84. *Possibilities* war die erste Zeitschrift, die sich ausschließlich der amerikanischen Kunst widmen wollte. Nur eine Ausgabe erschien, für die Rothko diesen Text schrieb. Die Redakteure der Zeitschrift waren Robert Motherwell für Kunst, Harold Rosenberg für Literatur, Pierre Chareau für Architektur und John Cage für Musik.

Die Romantiker fühlten sich aufgerufen, exotische Themen zu suchen und an weit entfernte Orte zu reisen. Sie erkannten jedoch nicht, dass zwar zum Transzendentalen das Fremde und Unvertraute gehört, dass aber nicht alles, was fremd und unvertraut ist, auch transzendental ist.

Dem Künstler fällt es schwer, die unfreundliche Haltung der Gesellschaft gegenüber seiner Tätigkeit zu akzeptieren. Doch ganau diese Feindseligkeit kann auch Auslöser für die Befreiung sein. Von einem falschen Gefühl der Sicherheit und Gemeinschaft befreit, kann der Künstler sein Plastikgeld wegwerfen, so wie er auch andere Sicherheiten aufgegeben hat. Sowohl das Gefühl der Gemeinschaft als auch das der Sicherheit gründen sich auf das Vertraute. Ist man davon frei, werden transzendentale Erfahrungen möglich.

Ich betrachte meine Bilder als Dramen und die Formen darin sind die Darsteller. Sie sind aus der Notwendigkeit entstanden, eine Gruppe von Schauspielern zu haben, die sich dramatisch bewegen können, ohne dabei Peinlichkeit zu empfinden, und ihre Gesten ohne Scham ausführen können.

Weder die Handlung noch die Schauspieler lassen sich im Voraus erahnen oder beschreiben. Sie fangen als unbekanntes Abenteuer in einem unbekannten Raum an. Erst im Augenblick der Vollendung kann man in einem blitzartig Erfassen sehen, dass sie in genau der beabsichtigten Anzahl und Funktion auftreten. Vorstellungen und Pläne, die anfangs im Kopf existieren, sind nichts weiter als die Tür, durch die man die Welt, in der sie entstanden sind, verlässt.

Die großen kubistischen Bilder gehen also über die Implikationen des kubistischen Programms hinaus und leugnen es. Das wichtigste Werkzeug, das der Künstler durch ständige Übung schmiedet, ist seine Fähigkeit, immer dann Wunder hervorzubringen, wenn sie gebraucht werden. Bilder müssen Wunderwerke sein; sobald eins vollendet ist, endet die Nähe zwischen dem Schaffensvorgang und dem Schaffenden. Der steht jetzt außen. Das Bild muss für ihn, so wie für jeden anderen, der es später erlebt, eine Enthüllung sein, eine unerwartete und vollkommen neue Lösung eines ewig währenden vertrauten Bedürfnisses.

Über Formen:

- Sie sind einzigartige Elemente in einer einzigartigen Situation.
- Sie sind Organismen mit einem Willen und einem leidenschaftlichen Durchsetzungsvermögen.
- Sie bewegen sich mit einer inneren Freiheit und ohne die Notwendigkeit, sich nach dem zu richten oder gegen das zu verstoßen, was in der vertrauten Welt wahrscheinlich ist.
- Sie stehen in keiner direkten Verbindung mit einer bestimmten sichtbaren Erfahrung, aber in ihnen erkennt man das Prinzip und die Leidenschaft von Organismen.
- Es wäre niemals möglich, dieses Drama in der vertrauten Welt darzustellen, es sei denn, auch Alltagshandlungen wären Teil eines Rituals, das sich nach allgemeiner Akzeptanz auf ein transzendentes Reich bezöge.

Selbst die Künstler des Altertums mit ihrer unheimlichen Virtuosität hielten es für nötig, eine Gruppe von Vermittlern zu schaffen – Ungeheuer, Hybriden, Götter und Halbgötter. Der Unterschied zu heute besteht darin, dass Künstler damals in einer eher bodenständig orientierten Gesellschaft lebten, wo die Notwendigkeit von transzendenten Erfahrungen verstanden wurde und offiziellen Status genoss. Folglich konnte die menschliche Gestalt, in Kombination mit anderen Elementen aus der bekannten Welt oder als ganze, an einem Ausagieren der Exzesse teilnehmen, mit denen diese unwahrscheinliche Hierarchie charakterisiert wurde. Für uns muss die Verstellung vollständig sein. Die vertraute Identität der Dinge muss völlig zerrieben werden, um die festgelegten Assoziationen zu zerstören, mit denen unsere Gesellschaft immer mehr jeden Aspekt unserer Umwelt überzieht.

Ohne Ungeheuer und Götter kann unsere Kunst das Drama nicht ausagieren, und von dieser Frustration künden die profundesten Momente der Kunst. Nachdem diese Wesen als Auswüchse eines unhaltbaren Aberglaubens abgeschafft worden waren, versank die Kunst in Melancholie. Für mich sind die großen Leistungen jener Jahrhunderte, in denen der Künstler das Wahrscheinliche und das Vertraute als seine Themen akzeptierte, die Bilder der einzelnen menschlichen Gestalt – allein in einem Augenblick völliger Unbeweglichkeit.

Doch die alleinstehende Gestalt konnte ihre Glieder nicht in einer einzigen Geste erheben, mit der sie ihre Unruhe im Licht unserer Sterblichkeit sowie ihren unersättlichen Appetit auf allgegenwärtige Erfahrung angesichts dieser Tatsache ausdrückte. Noch konnte ihre Einsamkeit überwunden werden. Die menschliche Gestalt konnte sich an den Stränden, auf den Straßen und in den Parks allein durch Zufall mit anderen versammeln und so, zusammen mit ihren Gefährten, ein Tableau Vivant der menschlichen Kommunikationslosigkeit darstellen.

Ich glaube nicht, dass es jemals um den Gegensatz zwischen abstrakter und gegenständlicher Kunst ging. Es geht vielmehr darum, dieses Schweigen und diese Abgeschiedenheit zu beenden, wieder zu atmen und die Arme erneut auszustrecken.

Brief an Clay Spohn, 2. Februar 1948

Clay Spohn Papers, 1862–1985, 2, Teil 2.2, Korrespondenz, 1925–1981, Box 1, Mikrofilm Spule 5461. Archives of American Arts, Smithsonian Institution, Washington D.C.

Lieber Clay –
Ich möchte Dir mit einiger Verspätung für Dein Buch danken und auch für den sehr lebendigen und unterhaltsamen Brief. Wir haben großen Gefallen an Deinem Buch, das man ja nicht von Anfang bis Ende liest, sondern hier und da aufschlägt und auf eine Zeile zeigt, und ganz sicher findet man etwas, das den Zweck erfüllt – für Männer wie uns, die vor Empörung geradezu brodeln.

Dein Brief hat wieder Sehnsucht nach dem letzten Sommer geweckt, der uns immer wieder, bei der kleinsten Gelegenheit, in die Erinnerung kommt. Was war es nur in jenem Sommer, das ihn anscheinend so magisch gemacht hat? Soweit ich mich erinnere, gab es eine Menge Haken und Hindernisse, so dass ich mir damals gewünscht habe, der Sommer möge vorbei sein. Doch Du, Clyff, Doug und die anderen, ihr habt eine Spannung bewirkt, durch die wir, wie ich jetzt glaube, auf einer sehr erstrebenswerten Ebene gelebt haben, und das vermisse ich. Mir scheint, es war gut, in diesem Zustand zu leben. Das Beste, was man von hier sagen kann, ist, dass man eigentlich nirgendwo lebt – und auch da wäre es mir am liebsten, es wäre bald vorbei

Die 57th Street ist ein mieses Durcheinander. Es hat eine anscheinend koordinierte Attacke, zeitgleich in der *New York Times*, im *Telegram*, in *Art News* etc. auf die „unverständliche" Kunst gegeben, und das Feuer wurde von Robinson Jeffers' Artikel im Magazin der *New York Times* eröffnet. Das an sich stört mich nicht. Amüsant hingegen finde ich, dass die Künstler, die angegriffen wurden und Gegenangriffe planen, um ihre verbrieften Rechte bangen und Angst haben, sie könnten den einen oder anderen beleidigen, gerade so, als wären sie Kaufleute oder Händler. (Der Gipfel dieser verbrieften Rechte sind übrigens Kootz' $ 50 die Woche.)[23] Ich persönlich denke, dass diese Attacke das größte Zeichen der Ehre ist, das uns in den letzten zehn Jahren zuteil wurde. Unverständlich zu sein, bedeutet für sie, unehrenhaft und verdächtig zu sein.

Du siehst also, dass allein die Tatsache, nicht hier zu sein, Frieden bedeutet. Oder gibt es überhaupt irgendwo Frieden? Wichtig ist, dass wir alle zusammen sein sollten. Wie wäre es mit einer Massenwanderung? Schreib bitte bald. Mell und ich denken an Dich und sprechen oft von Dir.

Mark

P.S. Gräme dich nicht wegen Kitty. Davon gibt es noch viele. Was Ford[24] angeht – ich bin ihm nie begegnet. Ich kenne einen seiner Kumpane, Paalen, der sich anscheinend mit ihm in einer Bewegung zusammengetan hat: Ausgrabungen, Buddeln, zurück zur Erde, zurück zu allem, einschließlich der Natur – Ergebnis: Schwachsinn. Das haben sie zusammen in Mexico gemacht.

---

23 Rothko bezieht sich hier auf die Geschäftspraxis der Sam Kootz Gallery, die 1945 gegründet wurde. Nach Kootz' System nahm er keine Werke in Kommission, sondern zahlte seinen Künstlern (Darunter Motherwell und Baziotes) ein wöchentliches Gehalt von $ 50, gegen die Garantie von 75 Bildern pro Jahr. Später wurde Kootz Picassos Händler in den Vereinigten Staaten, was ihm eine herausragende Position in der Kunstwelt einbrachte.
24 Vermutlich meint er Gordon Onslow Ford, Künstler und ein Freund Paalens (Über Paalen, s. FN 17, S. 75) Paalen und Ford waren Mitgründer der Künstlergruppe Dynaton.

Brief an Clay Spohn, 11. Mai 1948

Clay Spohn Papers, 1862–1985, 2, Teil 2.2, Korrespondenz, 1925–1981, Box 1, Mikrofilm Spule 5461. Archives of American Arts, Smithsonian Institution, Washington D.C.

Lieber Clay –

Habe gerade von Clyff über Deine Erkrankung gehört – zum Glück überstanden, oder wenigstens größtenteils, wenn ich recht unterrichtet bin – und Mell und ich wünschen Dir von Herzen gute Besserung; wir denken oft an Dich und sprechen oft über Dich und den Sommer.

Vielleicht haben wir Deinen langen Brief, den Du im Winter geschrieben hast, gar nicht beantwortet, aber wenn ich mein Lebensgefühl in meinen Briefen so vermitteln könnte, wie Du es in Deinen Briefen tust, würde ich mit größerem Vergnügen und öfter schreiben. Aber so muss ich mir jede Seite geradezu abringen.

Langsam ist mir das Leben als Maler verhasst. Anfangs steht man im Widerstreit mit dem eigenen Inneren, ein Bein noch in der normalen Welt. Dann wird man von einem Taumel erfasst, der einen an den Rand des Wahnsinns treibt, bis kurz vor den Zustand, von dem es kein Zurück mehr gibt. Die Rückkehr ist eine Phase von mehreren Wochen der Benommenheit, in denen man nur halb lebendig ist. Das ist die Geschichte meines Jahres, seit wir uns gesehen haben. Ich komme zu der Auffassung, dass man diesen Zyklus irgendwo durchbrechen muss. Den Rest der Zeit verausgabt man sich damit, dem Sog der Kaufmannsmentalität zu widerstehen, für die man anscheinend durch diese Hölle geht.

Ich wünschte, wir könnten den letzten Sommer zu einem anderen Zeitpunkt noch einmal erleben, denn immer, wenn ich daran denke, erinnere mich daran als eine überaus bedeutungsvolle Zeit. Vielleicht kannst Du in der nächsten Zeit einen Besuch in New York einplanen. Schreib uns bitte bald wieder. Und richte Doug, Jerry und allen Freunden vom letzten Sommer unsere herzlichsten Grüße aus.

Mark

Brief an Barnett Newman, 27. Juli 1949

Barnett Newman Papers, 1943–1971, Mikrofilm Spule 3481. Archives of American Art, Smithsonian Institution, Washington, D.C.

Lieber Barney, liebe Annalee –
Entschuldigt die Verspätung. Aber wir haben an Euch gedacht.
- Erstens sind die Fotos angekommen, und wir benutzen sie morgen.
- 2. hoffen wir, dass mit Annalees Tests alles zum Besten bestellt ist.
- 3. gibt es nirgendwo auf der Welt Ruhe vor Intrigen.
- 4. haben wir es dennoch recht gut.
- 5. ist die Sache fast vorbei, und wir buchen für New-Mexico.
- 6. werden wir am 21. wieder in New York sein und hoffen, Euch dort anzutreffen.
- 7. werde ich ein paar neue Stillleben mitbringen.
- 8. ist das Wetter hier nicht sehr freundlich.
- 9. schicken MacAgys und Still Grüße. Desgleichen ich an Bob, Bradley, die Ferbers & die anderen Taugenichtse.
- 10. auch von Mell.

Und dann sehen wir uns, bevor Du weißt, was geschehen ist.
Mark

Wir fahren am 11. August.

Brief an Clay Spohn, 5. Oktober 1949

Clay Spohn Papers, 1862–1985, 2, Teil 2.2, Korrespondenz, 1925–1981, Box 1, Mikrofilm Spule 5461. Archives of American Art, Smithsonian Institution, Washington D.C.

Lieber Clay –

Dein über La Fonda Santa Fé umgeleiteter Brief kam vor ein paar Tagen bei uns an. Er rief die Erinnerung an ein paar wunderbare Tage in New-Mexico wach, die wir inzwischen fast vergessen haben, wie auch die in San Francisco. Das scheint inzwischen alles so lange her.

Der Grund, warum wir Deinen Brief nicht eher bekommen haben, war der, dass es in La Fonda keinen Platz gab – wir waren gerade in der Vor-Fiesta-Zeit angekommen, und alles war überfüllt. Wir hatten Glück, dass wir in einem Touristencamp Platz fanden. Da haben wir allerdings auch kaum Zeit verbracht, da wir kurzerhand von einem Freund nach Ranchos de Taos weggeholt wurden, wo wir ein paar Tage blieben. Ich könnte sagen, dass wir die ganze Zeit in Autos verbracht haben und herumgefahren sind und auf diese Weise zwar keine Künstler, dafür aber viel von diesem vielfältigen und schönen Land gesehen haben. Für uns war es eine exotische Erfahrung, weil wir in diesem Land noch nie so etwas gesehen haben. Wir waren bisher nie im Süden. Einen einzigen Indianertanz haben wir gesehen in [unleserlich]. Das fanden wir ziemlich eintönig, aber die Ortschaft in der Landschaft war beeindruckend.

Vermutlich hat die Schule jetzt richtig begonnen und das Leben ist so, wie ich es auch kenne. Ich hoffe, dass Du inzwischen ein paar der persönlichen Elemente in Deinem Leben so regeln konntest, dass Du zufriedener bist und mit einigen der herumliegenden Sachen in Deinem Atelier, die in meinen Augen ganz gut aussahen, weiterkommst.

Ich habe zufällig den englischen Dichter getroffen, dem wir letztens bei der Party in Deinem Haus so hart zugesetzt haben. Er scheint uns das nicht übel genommen zu haben.

Alles an Klatsch und Neuigkeiten wäre natürlich sehr willkommen. Schick uns also mehr davon. Grüße von Mell und mir an alle unsere Freunde und auch an Marian.

Mark

Stellungnahme, 1949

The Tiger's Eye, Nr. 9 (Oktober 1949), S. 114.

Die Entwicklung des Werkes eines Malers, wie sie sich im Laufe der Zeit von einem Punkt zum anderen bewegt, ist eine Entwicklung hin zur Klarheit, hin zur Beseitigung aller Hindernisse zwischen Maler und Idee und zwischen Idee und Betrachter. Als Beispiele für solche Hindernisse nenne ich (unter anderen) Gedächtnis, Geschichte oder Geometrie, die eine Fülle von Verallgemeinerungen darstellen, aus denen man Parodien von Ideen (die wie Geister sind) ziehen kann, niemals aber die Idee selbst. Erreicht man diese Klarheit, heißt das unweigerlich, dass man verstanden wird.

Brief an Barnett Newman, 6. April 1950

> *Barnett Newman Papers,* 1943–1971, Mikrofilm Spule 3481. Archives of American Art, Smithsonian Institution, Washington, D.C. Rothko und seine Frau Mell machten eine fünf Monate lange Europareise. Sie verließen New York am 29. März und bereisten Frankreich, Italien und England. Während der Reise schrieb Rothko mehrere Briefe an Barnett Newman.

Sonntag, Paris.

Lieber Barney –
Mir wird gerade klar, dass heute der Tag ist, an dem Du Clyff mit seinen Bildern hilfst.[25] Und deshalb schicke ich meinen Dank und drücke meine Hoffnung aus, dass die Ausstellung Clyff das bringt, was er sich wünscht, oder dass wenigstens seine Gefühle nicht zu sehr verletzt werden.

Leider haben wir uns schlimme Erkältungen zugezogen, beim Besichtigen von Kathedralen, die schrecklich feucht und kalt sind – außerdem ist das Pariser Wetter um diese Jahreszeit grässlich. Trotzdem haben wir mit allem weitergemacht, bis heute Morgen, als Mell erhöhte Temperatur hatte. Deshalb habe ich im amerikanischen Krankenhaus angerufen, und ein Arzt ist auf dem Weg. Aber es ist nichts Schlimmes und wird bald wieder gut.

Ich wollte Dir gern erzählen, dass nach meinen flüchtigen Eindrücken die Unterschiede, die wir zwischen unserer und der Pariser Denkart angenommen hatten, nicht mal im Geringsten an die Realität heranreichen. Ich hätte mir niemals vorstellen können, dass die Zivilisation hier uns so fremd und unnahbar vorkommen würde, wie sie mir nun tatsächlich erscheint. Deshalb, und das zu Bettys Information, erscheint mir unser Zögern, Bilder hierher zu schicken, inzwischen als ganz richtig.

Die Stadt ist äußerst gefällig für das Auge, und das in zweierlei Hinsicht, einmal wegen der Erhabenheit und Größe sowie der Vielzahl der Monumente,

---

25 Damals organisierte Barnett Newman Ausstellungen für die Betty Parsons Gallery. Offenbar war er besonders hilfreich bei der Organisation von Clyfford Stills Ausstellung, die am Tag nach Rothkos Brief eröffnet wurde.

die besonders wegen ihrer Hässlichkeit beeindrucken – und dann wegen der vielen Straßen und Gassen, in denen abbröckelnder Putz und lose baumelnde Fensterläden einen durchgehenden Flickenteppich ergeben. Eine Straße mit Häusern in gutem Zustand ist unerträglich. Doch moralisch verabscheut man die Hingabe an solchen Verfall und an die Monumente, die fast alles zelebrieren, was ich und sicherlich auch Frankreich verachten muss. Wir waren in Chartres, von außen ist es richtig wild – ganz wie New York, wo dem Drang, noch mehr Steine aufzutürmen nie widerstanden wird. Dennoch kommt mir Paris nicht weniger mittelalterlich vor als Chartres.

Eine Menge Ideen auf engen Raum, die es zu verdauen gilt, aber ich überschütte Dich einfach damit, wozu immer es gut sein mag. Die Abende in den Cafés sind eigentlich so wie im Waldorf. Aber die Erfahrungen am Tage sind einfach wunderbar, man kann unablässig umhergehen und schauen.

Übrigens schlafe ich gut. Ich hoffe, das gilt jetzt auch für Dich.

Falls Du schreibst, schlage ich vor, dass Du die Post an den American Express in Nizza adressierst, dort fahren wir nächste Woche hin.

Liebe Grüße an Annalee und alle unsere Freunde. Wir vermissen Euch.
Mark & Mell

Brief an Barnett Newman, 30. Juni 1950

Barnett Newman Papers, 1943–1971, Mikrofilm Spule 3481. Archives of American Art, Smithsonian Institution, Washington, D.C.

30. Juni, American Express, Rom

Lieber Barney, liebe Annalee –
Jeden Tag bin ich zum Büro des Express gegangen, in der Gewissheit, dass da ein Brief von den Newmans sein würde. Ah, Ihr treulosen Gesellen! Deshalb bitte ich Euch inständig, uns unverzüglich mitzuteilen, wie es Euch *wirklich* ergangen ist, wie Clyffs Ausstellung war und die von Bradley, den beiden Reizbaren, und vor allem wie es Euch innerlich und äußerlich geht. Ich bitte Euch inständig.

Ihr habt vielleicht über Herbert von unserem Glück gehört, dass Mell schwanger ist – das Kind hat den vierten Monat seines Mutterleibslebens begonnen. Es macht uns sehr glücklich, so glücklich, dass wir die praktischen Überlegungen verschieben, bis wir wieder zu Hause sind.

Aber wir hatten auch Pech. Ich hatte eine meiner wiederkehrenden Fußinfektionen, wofür ich Penizillin bekommen habe, worauf ich eine allergische Reaktion hatte. Zwei Wochen lang war es sehr unangenehm. Insgesamt hat es mich einen Monat lang beschäftigt, und ich fange erst langsam wieder an zu laufen. Die Luggans und die Gendels, beide Autobesitzer, haben uns freundlicherweise aus unserer Bewegungslosigkeit herausgeholfen.

Nächste Woche wird darüber entscheiden, ob wir früher zurückkommen, damit Mell besser versorgt ist, und ich auch, oder ob wir noch ein Weilchen verweilen wollen. Wir schwanken.

Seit meinem letzten Brief haben wir uns Venedig gründlich angesehen und Rom ein bisschen, aber ich bin nicht unbedingt in der Stimmung, viel darüber zu erzählen. Das hier ist eindeutig ein Bettelbrief, in dem ich um Neuigkeiten von zu Hause bitte.

Allerliebste Grüße, Mell & Mark
Heute muss Euer Hochzeitstag sein. Alles Liebe und beste Glückwünsche. Wie geht es Tony, und wo ist Jane?

Brief an Barnett Newman, 26. Juli 1950

Barnett Newman Papers, 1943–1971, Mikrofilm Spule 3481. Archives of American Art, Smithsonian Institution, Washington, D.C.

Lieber Barney, liebe Annalee –
Ich schreibe aus Paris, wo es jetzt schön und kühl ist, und wir genießen es sehr. Diesmal ist es eine Zwischenstation auf dem Weg nach Hause. In einer Woche fahren wir nach London, und am 11. August geht das Schiff von Southampton, das am 18. in New York ankommt. Unser Geld wird langsam knapp, und ich will mich nach Arbeit umsehen.

Wir drei freuen uns darauf, Euch bald zu sehen. Und obwohl der Ben Yochid Euren schriftlichen Segen nicht erhalten hat, sind wir uns sicher, dass er ihn dennoch hat, und so fühlen wir uns sehr gut.

Gestern kam ein wunderbarer Brief von Tomlin, dann einer von Reinhardt, der lange gebraucht hat, Anfang Juni geschrieben war und lauter Zeitungsausschnitte enthielt, ein sehr liebenswürdiger Brief, ich empfinde für ihn tiefe Freundschaft.

Nach unserer Ankunft würden wir gern für drei Wochen oder so aufs Land gehen. Wir schreiben sowohl an Herbert als auch an Tomlin, damit sie Ausschau nach einer Unterkunft für uns in ihrer Nähe halten. Was für Pläne habt Ihr?

Nimm den Stift zu Hand und schreibe uns – American Express in London.

Uns geht es gut, und wir schicken Euch beiden liebe Grüße
Mark

Brief an Barnett Newman, 7. August 1950

Barnett Newman Papers, 1943–1971, Mikrofilm Spule 3481. Archives of American Arts, Smithsonian Institution, Washington, D.C.)

London, 7. August

Lieber Barney, liebe Annalee –
Euer erster Brief erreichte uns an unserem letzten Tag in Paris, Euer zweiter wartete in London auf uns, und es tut uns sehr leid, von Deiner Krankheit und Deinen Sorgen zu erfahren. Doch jetzt hoffen wir, dass Du in Deinem Atelier und in der Stille des Sommers wieder gut beieinander bist. Außerdem, verzeih mir bitte, dass ich Dich bedrängt habe habe, aber das Fehlen jeder Nachricht von Euch hat uns sehr beunruhigt.

Wir reisen am 11. August mit der Mauretania und werden am 17. August in New York ankommen. Wir sind höchst erfreut darüber, dass Ihr noch da sein werdet und wir vielleicht Eure Gesichter am Pier sehen werden.

Es ist klar, dass wir jetzt, wenn wir nach Hause kommen und nachdem wir Deinen Bericht über das Ende der Saison gelesen haben, versuchen müssen, ohne die Art von Verwicklungen zu leben und zu arbeiten, die uns anscheinend einen nach dem anderen zerstören. Ich bezweifle, dass wir alle noch viel mehr Anspannung aushalten können. Ich vermute, dass dies ein Problem unseres verzögerten Reifeprozesses ist, und das müssen wir sofort und unbedingt in den Griff bekommen. Vielleicht war mein Geschimpfe gegen den „Club" nichts anderes als ein verzweifelter Versuch, mich vor genau dieser Gefahr zu schützen.

Jetzt zu einigen der Details, über die Du schreibst: Ich habe tatsächlich eine Einladung von Kootz erhalten, im Herbst eine Gegen-Metropolitan-Ausstellung zu machen. Ich habe den Brief nicht beantwortet, weil mir klar war, dass es um irgendeine [unleserliches Wort] Intrige ging, in Anbetracht derer [unleserliches Wort] ich „Ja" sagten wollte, vorbehaltlich Bettys Zustimmung. Dann kam ich zu dem Schluss, dass es vielleicht nicht gut wäre, sie direkt einzubeziehen, weswegen ich gar nicht geantwortet habe.

Und was Jane betrifft, so hatte uns jemand bei unserer Abreise aus Rom gesagt, sie sei zum Studium nach Mailand gegangen, und als wir nach Paris zurück kamen und ja niemanden dort kannten, der sie zu kennen schien, nahmen wir an, sie sei in Mailand. Es tut mir sehr leid, dass wir sie verpasst haben, denn wir waren fast zwei Wochen in Paris.

Aber wir werden über alles reden. Wir sind sehr froh, bald zurück zu sein, besonders Mell, die, so denke ich, jetzt dieses anstrengende Leben nicht länger aushalten sollte. Wir sehen uns also in wenigen Tagen.

Und unsere herzlichsten Grüße,
Mark

Brief an Barnett Newman, August 1950

Barnett Newman Papers, 1943 –1971, Mikrofilm Spule 3481. Archives of American Art, Smithsonian Institution, Washington, D.C.

1950

Lieber Barney –
Ich hoffe, die Dinge regeln sich bald für Dich. Wir werden Dich – ich glaube, ich hatte es Dir schon geschrieben – nicht so bald sehen, wie wir gehofft hatten. Wir kommen am 31. August nach New York zurück. Ich bin froh, dass Du Dich mit den Ferbers triffst. Sie sind liebenswürdig, bitte richte Ihnen unsere besten Grüßen aus, sobald Du sie siehst.

Was *The Tiger's Eye* angeht, so habe ich ihnen zwei lange Briefe geschrieben und erklärt, dass ich im Moment einfach nichts schreiben möchte, und wenn sie das nicht verstehen oder darauf beharren, dass es eine Missachtung ihrer selbst oder der Zeitschrift ist, dann weiß ich einfach nicht, was ich dann noch tun soll.

Der erste und *unwichtigste* Grund ist der, dass ich denke, es wäre Bob gegenüber unfair, ihn um seine Zustimmung zu dieser Idee zu bitten, da beides fast gleichzeitig veröffentlicht wird.

Der zweite und *zweit-unwichtigste* Grund ist der, dass ich auf dieser Grundlage einen weiteren Text für das *Magazine of Art* schreiben müsste; derzeit würde ich ablehnen, das zu tun. Ich sehe mich nicht in der Lage, eine Reihe von unsinnigen Verlautbarungen von mir zu geben, die alle ein wenig unterschiedlich formuliert und letztlich ohne jeden Sinn sind.

Der eigentliche Grund ist jedoch der, dass ich im Moment nichts in Worten zu sagen habe, was ich vertreten kann. Ich schäme mich von Herzen für das, was ich früher geschrieben habe. Diese Erklärungen in eigener Sache sind in dieser Saison in Mode gekommen geworden, und ich kann mir nicht vorstellen, mich in alle Richtungen eine Reihe von Statements zu verbreiten, die ich gar nicht machen möchte. Davon bin ich nach diesem Marathon der Unsinnigkeit, der sich jetzt über sechs Wochen hinzieht, umso mehr überzeugt .

Wenn Du magst, kannst Du den Stephans versichern, dass es nicht aus einem Widerstreben für sie zu schreiben so ist. Mein Irrtum, was Bob betrifft, liegt weit zurück, aber wenigstens sollte ich daraus lernen, so etwas nicht zu wiederholen, es sei denn, es ist mein Wunsch und meine Überzeugung. Sollte sich meine Ansicht ändern, liefere ich ihnen freiwillig etwas beim ersten Impuls.

Ich denke, Du siehst die Lächerlichkeit dreier Verlaubarungen in einer Saison, wenn ich noch nicht einmal für eine genug zu sagen habe. Entschuldige die Kürze des Briefes, aber ich werde Dir bald persönlicher schreiben. Aaron kommt heute Abend aus L. A. zurück und fährt morgen Richtung Osten weiter.

Liebe Grüße an Annalee von Mell und mir,
Mark

Wie Architektur, Malerei und Bildhauerei sich kombinieren lassen. 1951

Symposium am Museum of Modern Art, New York, abgedruckt in *Interiors*, Mai 1951, Nr. 10, S. 104

Ich möchte etwas über große Bilder sagen und vielleicht ein paar der Punkte berühren, die von Menschen geäußert wurden, die nach einer spirituellen Grundlage für Verbundenheit suchen.

Ich male sehr große Bilder. Mir ist bewusst, dass historisch gesehen, das Malen großer Bilder etwas sehr grandioses und pompöses ist. Der Grund jedoch, warum ich große Bilder male – und ich glaube, das geht auch anderen Malern so, die ich kenne – ist genau der, dass ich innig und menschlich sein möchte. Malt man ein kleines Bild, heißt das, sich außerhalb der eigenen Erfahrung zu stellen, eine Erfahrung mit dem Stereoskop oder einem Verkleinerungsglas zu betrachten. Wenn man jedoch ein großes Bild malt, ist man mittendrin. Man kann nicht mehr darüber gebieten.

William Seitz, Notizen eines Interviews, 22. Januar 1952

William Seitz Papiere, 1934–1974. Archives of Smithsonian Institution, Washington, D.C. William Seitz (1914–1974) war Professor für moderne Kunstgeschichte an der Princeton University und von 1960 bis 1970 Kurator am MoMA in New York. Seitz ist der Autor der ersten Abhandlung über den amerikanischen abstrakten Expressionismus, mit der er 1955 begann und die 1983 als *Abstract Expressionist Painting in America* von der Harvard University Press für die National Gallery of Art, Washington, D.C. veröffentlicht wurde. Er befasste sich mit mehreren Mitgliedern der New York School, darunter Rothko. Sie trafen sich zwischen 1952 und 1953 dreimal. Seitz machte sich bei den Gesprächen Notizen, von denen eine Kopie in den Archives of American Art erhalten ist. Obwohl Rothko auch mit anderen Kunsthistorikern in Kontakt stand, sind doch die Aufzeichnungen von den Gesprächen mit Seitz ein einzigartiges Dokument. Zudem fanden sie an einem wesentlichen Punkt in Rothkos Karriere statt – als er seinen abstrakten klassischen Stil konsolidierte. Seitz' Notizen von den Gesprächen sind unvollständig, Anführungszeichen werden selten benutzt.

Interview mit Rothko, 22. Januar 1952

Er besteht darauf, dass ich Folgendes als direktes Zitat aufschreibe:

„Man malt nicht für Kunst-Studenten, auch nicht für Historiker, sondern für Menschen, und die menschliche Reaktion ist das Einzige, was für den Künstler wirklich befriedigend ist."

Bemerkungen:
- Kunst ist keine Fabrikation; lehnt die Betonung von handwerklichem Können ab.
- Widerspricht der Bauhaus-Idee, weil sie dem Künstler eine falsche Einheit aufzwingt ...
- Nicht alles, was mit geraden Linien gemacht wird, ist tot ...
- Einheit ... Bemerkungen gegen Einheit wurden nach dem Lunch mit den Gideons gemacht, die mutmaßten, dass auseinanderstrebende Tendenzen

in der modernen Abteilung zu einem gemeinsamen Punkt führen würden. Rothkos Reaktion: „Ich will keine Einheit."
- „Mein eigenes Werk hat eine Einheit wie Nichts sonst." (Es macht mir nichts aus, das zu sagen, selbst wenn ich unbescheiden erscheine) ... (was die Welt je gesehen hat)
- Einheit der Historiker ist eine Einheit des Todes. Was wir wollen, ist eine lebendige Einheit.
- Auf seine Feststellung angesprochen, dass der Künstler auf Klarheit hin arbeitet: Klarheit muss nicht tot sein, *Klarheit* ist eine klare Darstellung dessen, was man *meint*. Ich: Dann können Sie klar sein in der Darstellung der eigenen Verwirrung? Ja.
- Ein Lineal ist klar, in gewisser Weise. Ich: Meinen Sie, ein Lineal ist tot? Nein, es kann lebendig sein.
- Man kann ein Adventist sein etc. (also von der Welt abgeschieden). Das trifft auf mich nicht zu, ich lebe an der 6th Avenue, male in der 63rd Street, werde vom Fernsehen beeinflusst etc., etc. (also von den verschiedensten Phänomenen des Lebens). Meine Bilder sind Teil dieses Lebens.
- Verweigerte meine Bitte nach Photos zum „Evolutionären" seines Werks, weil er schon mehrere solcher Interviews gegeben habe. Die Leute versuchten immer Beziehungen, Entwicklungen, Vergleiche aufzuzeigen.[26]
- Was wir heute an Schriften brauchen, ist, dass die Menschen ihre Reaktion auf Malerei aufschreiben. Der Versuch, in sich selbst nach Worten zu suchen, die ausdrücken, welche Bedeutung die Bilder für sie als Menschen wirklich haben.

Mein Beitrag zu unserem Gesprächs tendierte zum Plädoyer für Historizität, zum Nutzen eines umfassenderen Verständnis von Künstlern, während sein Beitrag ein Angriff auf diesen Nutzen war und auf meine Position innerhalb

---

26 Seitz verteidigt eine evolutionäre Lesart von Rothkos Werk, auf der Grundlage der Überzeugung, dass dessen Laufbahn als Suche nach dem Wesen der Malerei gedeutet werden kann. Seitz schlägt zwei Sorten von „Tests" vor, um seine Theorie zu stützen: Er erkennt einen Eliminierungsprozess von Elementen wie der Figur und eine zunehmende Entwicklung hin zur Abstraktion, bei der Rothko dennoch ein wesentliches Element beibehielt, das in Seitz' Interpretation den Status der Kernaussage erwarb: Der Hintergrund. Rothko lehnte diese evolutionäre und eliminatorische Analyse ab, er hielt sie für idiotisch. Statt dessen verteidigt er eine umfassendere Herangehensweise an sein Werk: Die Substituierung von Symbolen, die weiterhin Dinge bleiben und, genauer noch, in Rothkos Worten, „Figuren".

einer Tradition, die er als eine Erblast und als Zwangsjacke betrachtete. Die mittels Formulierung tötet.

„Die Vergangenheit ist einfach; die Gegenwart ist komplex; die Zukunft wird noch einfacher sein."

Ich sagte, diese Äußerung sei eine historische. Er sagte, ja, sie sei eine philosophische, in gewisser Weise ...

Ich: Kann man den Moment ohne Geschichte haben?

Die Antwort enthielt den Gedanken, dass alles, sobald es aufgeschrieben ist, sobald es formuliert wird, tot ist.

Wir müssen diese ewige Verfälschung (der Geschichte, der Museen, der Formulierungen, der Vergleiche) beenden ... (das heißt, wir müssen die unmittelbare, nicht an die Zeit gebundene Kommunikation des Bildes dem Menschen vermitteln, der darauf reagiert.)

„Das Schwierige an dem Leben in dieser Welt besteht darin, nicht erdrückt zu werden."

Ich: Kann die Geschichte – die richtige Art der Geschichte – nicht befreiend sein, statt erdrückend? Nein, weil sie institutionalisiert ist.

„Heute werden die Dinge institutionalisiert, bevor sie trocken sind."

Ich bemerkte, dies sei ein Merkmal unserer Zeit. Der Epoche, in der wir leben ...

Deshalb ist die Empörung der Künstler an ihrem höchsten Punkt!

Er fragte, ob ich Malerei mag, und ich sagte Ja.

„Ich mag keine Malerei!"

„Ich war nie an Kubismus interessiert. Ich habe viele Jahre in New York gemalt, während hier auch die Abstrakten gearbeitet haben. Abstrakte Kunst hat mich nie interessiert, ich habe immer realistisch gemalt. Meine neuesten Bilder sind realistisch. Als ich dachte, dass Symbole am besten geeignet seien, die Bedeutung zu vermitteln, habe ich sie benutzt. Als ich dachte, Figuren seien es, habe ich Figuren benutzt."

Ich bin kein Formalist.

Ich fragte nach den oberflächlichen Ähnlichkeiten zwischen seinen Arbeiten und denen Mondrians. Die seien ihm nicht bewusst, sagte er darüber. Bloß weil sie beide Rechtecke benutzten?

„Ich habe mich nie für Mondrian interessiert." Später erzählte er, in einer Vorlesung habe er einmal als Witz gesagt, Piet Mondrian sei ein obszöner Maler. „Also, ein Calvinist, der sein Leben lang die Leinwand tätschelt."

Um ihm eine Aussage über seine Entwicklung zu entlocken, sagte ich, dass das, was seine frühen figürlichen Arbeiten, also seine symbolischen Arbeiten, und seine neuesten Arbeiten zusammenhielte, der Hintergrund sei. Als habe er die Figuren entfernt und statt dessen wirbelnde kalligraphische Symbole etc. benutzt und den Drei-Ton-Hintergrund vereinfacht.

Er sagte, dass sei dumm. Es zeige den Irrtum des evolutionären Ansatzes. Es sei nicht so, sagte er, dass die Figuren *entfernt* worden seien, dass sie nicht weggefegt worden seien, sondern dass Symbole an die Stelle der Figuren getreten seien und diese wiederum in den späteren Arbeiten durch Formen *ersetzt* worden seien.

Als Übergang zu diesen späteren Arbeiten, siehe Abbildungen in *Tiger's Eye*.

Meine neuen Flächen haben überhaupt nichts mit dem Drei-Ebenen-Hintergrund des symbolischen Stils zu tun. Sie sind nicht vergleichbar. (Bezieht sich auf eine Diskussion, in der er sagt, er unterscheide sich von Mondrian, weil der die Leinwand *unterteile*. Meine neuen Farb-Flächen sind Gegenstände. Ich platziere sie auf die Oberfläche. Sie gehen nicht bis zum Rand, sie hören vor dem Rand auf.

Bemerkt, wie falsch es sei, eine Verbindung zu früheren Arbeiten auf der Basis von Entwicklungslinien zu sehen.

Verbindungen sollten gesehen werden, wo sie existieren, sagte ich, nicht da, wo es keine gibt. Er stimmte zu.

Diese neuen Formen, sagte er, drücken das aus, was die Symbole ausgedrückt haben.

Flächen sind Gegenstände.

„Kein Entfernen, sondern ein Ersetzen von Symbolen."

Er fragte mich, wie ich auf seine Bilder reagiere. Ich erklärte, ich reagiere in Bezug auf den Raum etc. „Aber was bedeuten sie Ihnen? Nur weil eine Fläche wie wogende Seide ist, ist das wichtig? Viele Leute können machen, dass es wie Seide ist. Schreiben sollte ein in den Verfasser Hineinsehen sein und ein Herausfinden, was das Bild wirklich bedeutet."

Er fragte, warum ich diese Männer gewählt hätte. Ich gab aufgrund des Kontexts keine zufriedenstellende Antwort. Wenn Sie erklären könnten, sagte er, warum diese Männer auf einer höheren Stufe stehen, warum sie eine größere Bedeutung haben ... sie haben eine größere Bedeutung, weil sie exemplarisch und substanziell sind (das heißt, sie sind Begründer, nicht Nachschaffende im Stil von).

Als ich sagte, ich reagiere auf die Bilder in Bezug auf Raum etc.: „Meine Gemälde haben nichts mit Raum zu tun."

„Mondrian unterteilt die Leinwand; ich platziere Gegenstände darauf"

Ich benutze weiche Ränder. Ich sagte, sie seien atmosphärisch, riefen deshalb eine atmosphärische Reaktion hervor.

„Das ist eine Erfahrung." Eine Erfahrung von Tiefe.

Einwände gegen Bauhaus: Da lebe ich nicht so, wie ich es zu Hause tue. Ich möchte einen Stuhl nicht als Kunst bewundern, wenn ich auf ihm sitze. Es ist eine Frage von Bedeutung im Gegensatz zu Handwerk.

Es ist wichtig, dass Bedeutung zu mir durchdringen kann.

Was haben Sie gegen Intuition? Intuition ist die höchste Form der Rationalität. Steht nicht im Gegensatz dazu. Intuition ist das Gegenteil von Formulierung. Von totem Wissen.

Erinnerung.

Lehnt Studieren ab. Hat das Gefühl, dass seine wichtigen Arbeiten etwas Großes sind, sehr spezielle Objekte in der Welt.

Brief an die *New York Times* stellt nur eine allgemeine Ansicht dar, Feststellung einer allgemeinen Situation. Würde ihn nicht als persönliche Sichtweise unterstützen.

„Hier sitzen wir und trinken Wein ... schreib' es auf und es ist weg." (Also: Qualität der Erfahrung.)

Einwand gegen Malerei als allein interne Beziehung.

Ich spreche nicht gern mit Malern. Sie gehen in eine Ausstellung und sprechen über Entwurf, Farben etc. Keine rein menschliche Reaktion. Ich möchte eine reine Reaktion im Hinblick auf menschliche Bedürfnisse. Befriedigt das Bild ein menschliches Bedürfnis?

Einwand gegen Museen, die Bilder für eine Avantgarde-Ausstellung erbitten, ohne zu wissen, warum. Wenn ein Direktor beispielsweise wild auf Pollock ist und eine Ausstellung seines Werks machte, dann wäre das gut. Ich würde mich weigern, Bilder für eine solche Ausstellung einzusenden, aber ich würde mich nie weigern, Bilder für eine Ausstellung einzusenden, die sich auf Wissen gründet. Äußert seine Ablehnung zu der französisch-amerikanischen Ausstellung (paarweise), die von Sidney Janis geplant ist, wo er mit de Staël gepaart werden sollte. Fleckchen gegenüber Feldern, beide fangen mit F an – Vergleiche sind falsch!

Hat auf meine Bemerkung, dass die falsch arrangierte Ausstellung in Des Moines zu einer wirklichen Bild-Betrachter-Beziehung bei Manchen führen könnte, keine richtige Antwort.

Viele Reproduktionen werden in schwarzweiß erscheinen. Ist der Ansicht, dass die MoMA-Reproduktionen seiner neueren Arbeiten die besten sind.

Beim Abschied: Ich wusste nicht, dass Sie Maler sind. Warum stellen Sie nicht das Wichtigste voran? Was Studenten in diesen schrecklichen Kursen der Kunstgeschichte lernen (ich habe das durchgehalten), vergessen sie sofort. Nur der Einfluss einer starken Persönlichkeit (ich bin ein guter Lehrer – ich bin leidenschaftlich) bleibt erhalten. (Erklärte, dass er Seminare für Studenten im dritten Studienjahr am Brooklyn College unterrichtet.)

Implikation: Die Geste im Gegensatz zum Tod. Formulierung – Tod. Auf der Straße: Ich will das Ich daraus fernhalten. Er: „Ich will es wieder drin haben."

Brief an Herbert Ferber. 19. August 1952

> *Herbert Ferber Papers,* 1932–1987, persönliche Korrespondenz, Mikrofilm Spule N69/133. Archives of American Art, Smithsonian Institution, Washington D.C. Ferber (1906–1991) war ein amerikanischer Bildhauer. Rothko schrieb den folgenden Brief nach der Gruppenausstellung Fifteen Americans, die vom 9. April bis zum 27. Juli 1952 im MoMA stattfand und in der auch er ausstellte. In dem Raum, in dem seine Bilder gezeigt wurden, hingen auch Werke von Georgia O'Keeffe und John Marin.

19. August 1952

Lieber Herbert, liebe Ilse –
Habe gerade am Telefon mit Deinem Vater gesprochen. Es scheint ihm gut zu gehen. Wir hatten eigentlich vor, Euch heute zu besuchen, aber irgendetwas stimmt mit dem Vergaser nicht, und das Auto ist in der Werkstatt, und wenn es am Mittwoch fertig ist, fahren wir für ein paar Tage zu den Motherwells. Wenn wir zurückkommen, rufe ich Deinen Vater an und besuche ihn. Außerdem habe ich ihm unsere Telefonnummer gegeben und gesagt, er soll uns unverzüglich anrufen, wenn er Gesellschaft braucht oder sonst irgendetwas.

Zur Zeit ist es hier außergewöhnlich still, und wir bewegen uns gemächlichen Schrittes zwischen Park, Atelier und Wohnung. Die Malerarbeiten zu Hause und die Verlegung des Linoleums sind fertig und und ein Tauschhandel mit Knoll steht bevor.

Der Postkarte nach seid ihr in einem Paradies und das ist wohl genau das, was der Arzt verschrieben hat. Ihr beide werdet also gut erholt zurückkommen. Wir hingegen werden etwas rastlos und haben ein starkes Bedürfnis, uns auf den Weg zu machen.

Um noch einmal auf Deinen Vater zu kommen: Bitte sag uns Bescheid, wenn wir irgend etwas tun sollen. Ich denke, wir sind am Montag zurück.

Bin in der Ausstellung im Museum gewesen. Mein Raum ist jetzt mit Werken von Marin und O'Keeffe eingenommen. Ich gebe zu, dass meine Bilder, die nach der Ausstellung noch hängen, die der anderen ganz unsichtbar gemacht haben, zumindest für mich. Leopold's Chapel ist das einzige, was geblieben ist, und wahrscheinlich bleibt es für alle Zeiten dort. Ich habe mich mit Walkowitz[27] getroffen und lange mit ihm gesprochen; er ist wegen seines Glaukoms fast erblindet. Trotzdem geistert er täglich durchs Museum. Ich habe immer sehr großen Respekt vor ihm gehabt. Aber so geht das eben. Barney ist unsichtbar geblieben.[28]

Lass Dir von diesem Brief nicht die Stimmung verderben. Das Wetter hier ist himmlisch, man geht bei Sonnenschein und leichter Brise umher und fühlt sich wirklich wie eine Million Dollar. Ihr da oben müsst Euch wie zwei Millionen fühlen.

Mit lieben Grüßen
Mark

---

27 Abraham Walkowitz (1878-1956), sibirischer Maler, der Ende des 19. Jahrhunderts in die USA emigrierte und zu der amerikanischen Bewegung der Moderne um Alfred Stieglitz gehörte.
28 Rothko meint Barnett Newman. Seine Freundschaft mit ihm war in diesen Jahren angespannt, wie auch seine Verbindung mit Still.

Brief an Herbert Ferber, 2. September 1952

Herbert Ferber Papers, 1932 –1987, persönliche Korrespondenz, Mikrofilm Spule N69/133. Archives of American Art, Smithsonian Institution, Washington D.C.

Liebe Ilse, lieber Herbert –
Eurem Brief entnehmen wir, dass Ihr den Sommer so gut und weise wie möglich verbringt – nichts zu tun und es mit Genuss zu tun, ist laut Norothustra[29] der Weisheit höchster Schluss. Wir hingegen sind dreifach erschöpft von unserer Reise zurückgekehrt. Im Gegensatz zu Euch besteht Kate darauf, unermüdlich aktiv zu sein, was das genaue Gegenteil von dem Wohlbefinden bewirkt, das ihr erlebt. Ich habe Mell – leider mit Kate allein gelassen und das Wochenende mit Bob in Woodstock verbracht, wo das perfekte Wetter und reichliches Essen und Trinken bewirkt haben, dass die banalen Gespräche, von denen es noch reichlicher gab, schnell vergessen waren.

Nach unserer Rückkehr haben wir Deinen Vater angerufen, weil wir hofften, wir könnten zu ihm fahren und ihn überreden, mit uns zu kommen. Er schlug das aus, weil er nachmittags auf den Arzt wartet. Er war in ausgezeichneter Stimmung und ist überzeugt, dass sein Zustand sich rapide verbessert, und sprach davon, dass er vielleicht in einer Woche raus kann. Seiner Stimmung und seinen Worten nach zu urteilen bin ich mir sicher, dass Ihr unbesorgt so lange fortbleiben könnt, wie Ihr wollt. Vielleicht erheitert es Euch zu hören, dass er mir gleich zu Anfang von irgendwelchen Schurkenstreichen mit Wandmalereien in der UNO erzählte, wovon er in der *Times* gelesen hatte.

Da es offenbar weder Neuigkeiten noch Klatsch gibt, der wichtig genug wäre, um die Fortsetzung dieses Duells mit der Schreibmaschine zu rechtfertigen, ende ich mit lieben Grüße an Euch

Mark

---

29 Rothko schreibt „Norothustra", meint aber wahrscheinlich den persischen Religionsstifter Zarathustra.

Brief an Lloyd Goodrich, 20. Dezember 1952

> Whitney Museum of American Art, *Artists' Files and Records, 1914–1966*, Künstlerakte von Mark Rothko, Mikrofilm Spule N683. Archives of American Art, Smithsonian Institution, Washington D.C. Rothko schrieb diesen Brief an den Associate Director des Whitney Museums. Anfang 1952 hatte er eine Teilnahme an der Whitney-Jahresausstellung abgesagt.

Mark Rothko
1288, 6th Ave.
Dec. 20, 1952

Mr. Lloyd Goodrich
Whitney Museum

Lieber Mr. Goodrich –
Von Betty Parson habe ich erfahren, dass Sie darum gebeten haben, zwei meiner Bilder vor der Urlaubssaison geschickt zu bekommen, um sie von der Kommission für Neuerwerbungen begutachten zu lassen. Da ich Ihre Bitte abschlägig beantworten muss, beeile ich mich, Ihnen diesen Brief rechtzeitig zukommen zu lassen.

Ich richte den Brief an Sie persönlich, weil wir über ähnliche Dinge bereits im Zusammenhang mit der gegenwärtigen Jahresausstellung gesprochen haben, und ich habe deshalb das Gefühl, dass es eine Grundlage für eine Verständigung gibt. Mein Widerstreben, an der Ausstellung teilzunehmen, lag in der Überzeugung begründet, dass die wirkliche und spezifische Bedeutung der Bilder in den Ausstellungen verloren geht oder verzerrt wird. Es wäre ein Akt der Selbsttäuschung, wenn ich mich zu überzeugen versuchte, dass die Situation hinreichend anders wäre, sollten diese Bilder von Ihnen erworben werden und in Ihrer permanenten Ausstellung zu sehen sein. Da ich ein tiefes Gefühl der Verantwortung für das Leben meiner Bilder habe, das ihnen in der Welt bevorsteht, akzeptiere ich dankbar jede Form von Ausstellung, in der ihr Leben und ihre Bedeutung erhalten bleibt, und meide alle Gelegenheiten, wo das meiner Meinung nach nicht gewährleistet werden kann.

Mir ist klar, dass mir diese Sichtweise als Arroganz ausgelegt werden könnte, aber ich versichere Ihnen, nichts ist mir ferner in einer Stimmung, die angesichts der Situation von großer Traurigkeit geprägt ist, denn leider gibt es nur wenige Alternativen für die Art der Aktivitäten, die Ihr Museum anbietet. Dennoch muss es in meinem Leben eine gewisse Übereinstimmung zwischen meinen Überzeugungen und Handlungen geben, wenn ich weiterhin funktionieren und arbeiten soll. Ich hoffe, es ist mir gelungen, meine Position zu erklären.

Hochachtungsvoll
Mark Rothko

William Seitz, Notizen eines Interviews, 25. März 1953

William Chapin Seitz Papers, 1934–1974. Archives of American Art. Smithsonian Institution, Washington, D.C. Es handelt sich um handschriftliche Notizen

Interview mit Rothko, 25. März 1952

„Während die Surrealisten daran interessiert waren, die reale Welt in Träume zu übersetzen, bestanden wir darauf, dass die Symbole real waren."

„Pollock hat ihnen Wirklichkeit verliehen."

„Das bedeutet, dass der Künstler dem Gefühl, das man aus dem surrealistischen Traum ableitete, Form verlieh. Es ist also eine reale Erfahrung, weil [unleserlich] sie materiell ist."

Rothko beschreibt sich selbst als „Materialist". Sagt, seine Bilder seien einfach aus Dingen gemacht.

Ich bin nicht an Farben interessiert. Ich bin an dem Bild interessiert, das geschaffen wird.

Ich habe eine neue Art der Einheit geschaffen, eine neue Methode Einheit herzustellen.

Allgemein gesprochen: An der Äußerung von 1943 ist nichts, was er ablehnen würde, obwohl er sagt, dass weder er noch Gottlieb sie geschrieben haben.

Keiner der amerikanischen Künstler hat den Symbolismus der Surrealisten akzeptiert.

Raum hat nichts mit meinem Werk zu tun.

Keiner von den guten Malern, die ich kenne, hat Malerei studiert.

Meine Erfahrung: Ich war von „luxuriösen Blättern" umgeben. Rothko erweitert das und regt an, dass ich es genau so schreibe.

Er stimmte zu, dass es den Einfluss von Miró auf ein Bild gab

Gottlieb war an dem Symbolismus archaischer Formen interessiert, während Rothkos Interesse den Gefühlen galt, die mit ihnen assoziiert waren.

Er stimmte zu, dass er rituelle Objekte darstellte.
Hat bestimmte Ecken abgerundet – nicht jedoch andere.
Wenn die Einheit erfolgreich ist, ist es unmöglich zu erklären, wie sie zustande gekommen ist – weil ich selbst es auch nicht weiß.

William Seitz, Notizen eines Interviews, 1. April 1953

William Chapin Seitz Papiere, 1934–1974. Archives of American Art. Smithsonian Institution, Washington, D.C.

Notizen zu einem Interview mit Mark Rothko, 1. April 1953.

1932–1935
Menschengruppe an einer U-Bahn-Station[30]
Farbe: Ganz weiche Grautöne. Sehr dünne, große Figuren, wie senkrechte Pfeiler. Erinnert an Giacometti. Zehn oder mehr Köpfe groß. Rothko hebt den Unterschied zwischen seiner Arbeit und der französischen Tradition hervor. Sagt, er versteht diese Bilder jetzt, und beharrt darauf, dass sie ganz seine und eigenständig seien.

Gestalt eines Mannes, zweite von links, mit einer Zeitung in der Hand, die zu einer Art Jugendstil-Wedel umgestaltet ist – die Ecken abgerundet.

Hüte, Augen, Handtaschen der Damen bloße Farbtupfer.

Figuren haben durchgeistigtes, fahles, vergängliches Wesen, jede von ihnen, wie bei Giacometti, versponnen in ihre eigenen Welt.

Sie enthüllen die äußere Farblosigkeit der Existenz, als wären sie durch die Festigkeit und den auf sie wirkenden Druck der sie umgebenden Atmosphäre in die Länge gestreckt worden.

Siehe auch Rothkos Zitate über den Mangel zwischenmenschlicher Kommunikation und die alleinstehende Figur etc.

Mädchen in der U-Bahn[31]
Ganz in weißlichen Grautönen gehalten, kühl und warm (meistens kühl), außer dem dunklen Umbra der zurückweichenden Perspektive. Die Perspektive richtet sich so offensichtlich auf das Mädchen, dass es wirkt, als würden Fäden,

---

30 Die Bemerkungen beziehen sich auf das Bild *Underground Fantasy (Subway),* ca. 1940, National Gallery of Art, Nr. 3261.30.
31 *Subway,* 1939. Brooklyn Museum of Art.

von ihrer Hand ausgehen. Die Perspektive wirkt manieriert, umgeben von rechteckigen Flächen von Grau, so dass sich die Tiefe nicht aufdrängt. Matte Flächen sind übermalt, darunter sichtbare Kratzer – von einem Messer in einer Art Untermalung.

Junge, vor Kommode und Fenster stehend[32].
Durch das Fenster Blau und Rosa, Kommode weiches Grün. Draußen rosa Mauer. Junge in gelbem Pullover und blauen Hosen. Licht kommt von den Seiten, dadurch Schatten auf der Figur in der Mitte, auf dem Hemd, etc.

„The Ten" waren Solman, Lee Gatch, Bolotowsky etc.

Junge am Zeichentisch mit Reißschienen etc. – geometrische Anordnung.

Die Figuren auf diesen Bildern sind bewegungslos, unbelebt, von parallelen Grauflächen gehalten – geringes Zurückweichen. Leben ist in der Pinselführung und in den Linien, aus denen die Elemente bestehen; die Vitalität der reinen Form. Später, in den Bildern zwischen 1939 und 1942, beginnt ein neues Leben. Das innere Leben. Als hätte jede der verschlossenen Gestalten in der U-Bahn ein reiches, inneres Leben. Emotionen heraufbeschwörende Formen und Farben werden angestrebt.

In den Jahren 1945–1947 löst sich die charakteristische symbolische Welt in rein malerische Mittel auf: Linie, Fläche und parallele Ebenen.

1939 – 1944: Hier ist der Anfang des Vogel-Symbolismus und der kräftigeren Farben: Rosa, Blau. Rothko sagt, erste Verwendung eines Opfer-Titels.
  (Siehe auch Aussage: das Thema muss tragisch sein.)[33]
  Verwendet Formen, die stark auf archaische Götterbilder hinweisen, rituelle Objekte, Vögel, Pflanzenformen (siehe pflanzliche Gottheiten etc.) Emotionale Einbeziehung äußerer Dinge; die Universalität des Mythos. Sein „allgegenwärtiges" Wesen.

---

32 *Ohne Titel (Porträt)*, 1938. Sammlung Christopher Rothko
33 Siehe auch Brief an die *New York Times* von 1943. Gottlieb und Rothko verfechten die These: „Das Thema ist wesentlich, und nur der Stoff ist von Wert, der tragisch und zeitlos ist."

Zeiten prüfen

Phase der „Weißen Bilder" und Kalligrafie, 1945-1948

Große Horizontale ohne Namen prüfen
Weiche weißliche Grautöne, transparent oder lasierend, aber immer mit Bewusstsein von Bildebene, Rechtecken und Achsen, umgeben von einer Aura der rituellen Bedeutung, von Gefühl.

1948
No. 5: Dunkle Flecken auf Schwarz, an den Rändern zu weichen Brauntönen übergehend, hell gefächert, rosa.
  „Ich interessiere mich nicht für Farbe."
  Bild endet vor dem Ende der Leinwand (nicht so bei früheren Leinwänden, wo der „Hintergrund" durch einen Rahmen abgeschnitten wurde, so dass Formen eine formale Bekräftigung und eine Unabhängigkeit verliehen wurde.
  Zurückweichende Horizonte, Landschaften. Flecken sind Elemente im Vordergrund, können aber nur als Flecken verstanden werden.
  No. 7, 1949: vertikal
  Beachte, dass er hier, wie so oft, mit einer farbigen Grundierung beginnt. Nur der Rand der Grundierung ist sichtbar und bildet einen Hintergrund zwischen den darüber gelegten Farben.
  No. 17, 1949:
  Flächen sind unabhängig voneinander und wirken aufeinander, weil sie in einer begrenzten rechteckigen Fläche stehen. Ihre Ränder sind überlappend weich verwischt, als Hintergrund. Sie werden fast zu Ebenen (das heißt, sie nehmen geneigte Positionen ein, siehe auch kaltes Blaugrau, rechts). Der „vordere" Rand wird von der Nähe zur Leinwand gehalten (bildet dazu eine Parallele), so dass der andere zwangsweise nach hinten tritt – das kann aber auch anders herum wahrgenommen werden.
  Wenn eine Fläche in die Tiefe absinkt, wird sie zur Ebene – wie auch bei paralleler Anordnung, wenn sie die Oberfläche der Leinwand verlässt und entweder nach vorn oder nach hinten tritt.

Brief an Katharine Kuh, 1. Mai 1954

Katharine Kuh Papers. Institutional Archives, Art Institute of Chicago. Katharine Kuh war Kunstkritikerin und Leiterin für Ausstellungen am Art Institute of Chicago. 1954 schlug sie vor eine Einzelausstellung von Rothkos Werk vor. Die Ausstellung fand vom 18. Oktober bis zum 31. Dezember 1954 statt. Im Zusammenhang mit der Ausstellung regte sie an, die geschriebenen Gespräche, wie sie in diesen dreizehn Briefen festgehalten sind, zu veröffentlichen. Wegen Rothkos Zurückhaltung kam es nicht dazu.

Mark Rothko
102 West 54th Street
New York
1. Mai 1954

Sehr geehrte Miss Kuh –
Ich bin sehr froh, dass es Ihnen gelungen ist, die Ausstellung zu arrangieren. Ich glaube, dass Sie einer sehr lohnenden Sache den Weg ebnen, und auch der Zeitpunkt, den Sie vorschlagen, erscheint mir sehr geeignet.

Ich bin am 1. Juli in New York und werde Sie erwarten. Bitte entschuldigen Sie meine verzögerte Antwort, aber Ihr Brief erreichte mich mitten beim Umzug.

Mit freundlichen Grüßen,
Mark Rothko

Brief an Katharine Kuh,. 14. Juli 1954

Katharine Kuh Papers, Institutional Archives, Art Institute of Chicago.

102 W. 54th St.
14. Juli

Sehr geehrte Katharine Kuh –
Danke für Ihren Brief. Er hat bewirkt, dass ich angefangen habe, meine Gedanken zu sammeln und zu Papier zu bringen. Ich hoffe, dass ich schon bald etwas schicken kann, dass wenigstens von dieser Seite aus richtig scheint.

Sie schreiben, Sie wüssten gern, was ich bezwecke, wie ich arbeite und warum ich die besondere Form gewählt habe, mit der ich arbeite. Ich hoffe, dass sich eine Art Antwort aus unserer Korrespondenz ergeben wird, bevor sie abgeschlossen ist. Aber ich möchte vorschlagen, dass wir für den Moment alle vorgefassten Ideen von dem, was gesagt oder gedruckt werden soll, beiseite lassen.

Denn tun wir das nicht, schlagen wir einen Weg ein, der unvermeidlich zu der sinnentleerten Banalität von Vorworten und Interviews führt. Und ich bezweifle, dass in unserem Fall die Methode von Frage und Antwort nützlich ist, um Sinnvolles und Interessantes zutage zu fördern.

Statt also vorzugeben, dass ich Antworten auf Fragen habe, die entweder nicht beantwortet werden sollten oder die im Grunde genommen nicht zu beantworten sind, möchte ich einen Weg finden, wie ich die wirklichen Bewegungsströme in meinem Leben umreißen kann, aus denen meine Bilder fließen und in die sie zurückkehren müssen. Wenn mir das gelingt, werden sich die Bilder schon an den ihnen zustehenden Plätzen einfügen. Denn ich glaube, ich kann mit einem gewissen Anspruch auf Wahrheit behaupten, dass in Gegenwart meiner Bilder mein Anliegen in erster Linie moralischer Art ist und dass es nichts gibt, mit dem sie weniger zu tun haben als mit der Ästhetik, Geschichte oder Technik der Malerei. Im Hinblick darauf wäre für mich nichts anregender als wenn Sie einen Weg fänden, mir Ihr eigentliches Interesse an der Welt der Kunst und der Ideen zu umreißen, das, wenn ich es richtig beurteile, sehr intensiv und menschlich ist.

Verzeihen Sie, wenn ich noch einmal auf meinen Befürchtungen zurückkomme, aber ich glaube, es ist wichtig, sie zu äußern. Es besteht die Gefahr, dass im Verlauf unserer Korrespondenz ein Instrument geschaffen wird, das den Menschen erklärt, wie sie die Bilder betrachten und wonach sie darin suchen sollen. Während das oberflächlich betrachtet entgegenkommend und freundlich sein mag, führt es aber in Wirklichkeit dazu, dass Geist und Imagination gelähmt werden (und der Künstler in sein vorzeitiges Grab gelegt wird). Das ist der Grund für meinen Abscheu vor Vorworten und erklärenden Angaben. Wenn ich mein Vertrauen überhaupt in etwas legen soll, dann in die Psyche des empfindsamen Betrachters, der frei von den Konventionen des Verstehens ist. Ich hätte keinerlei Bedenken hinsichtlich des Nutzens, den er aus den Bildern für die Bedürfnisse seiner eigenen Seele zöge. Denn wenn es sowohl Bedürfnisse als auch eine Seele gibt, wird gewiss eine wirkliche Transaktion stattfinden.

Und weil ich das Gefühl habe, dass genau eine solche Transaktion hier stattgefunden hat, hoffe ich, dass wir mit unseren gemeinsamen Bemühungen Erfolg haben können. Schreiben Sie mir bald wieder.

Mit freundlichen Grüßen
Mark Rothko

P.S. Ich möchte mich dafür entschuldigen, dass ich den Erhalt der Plans nicht bestätigt habe. Der Saal scheint mir sehr geeignet. Vermutlich wird der Plan bei der endgültigen Auswahl der Bilder von unschätzbaren Wert für mich sein.

Brief an Katharine Kuh, 28. Juli 1954

Katharine Kuh Papers, Institutional Archives, Art Institute of Chicago.

102 W 54
28. Juli

Liebe Katharine Kuh –
Ich möchte Ihnen gern erzählen, wie es hier weitergegangen ist. Seit dem Moment, als ich den ersten Brief von Ihnen erhielt, habe ich Ideen notiert, sobald sie mir in den Kopf kamen. Inzwischen hat sich einiges an Material angesammelt, in dem diese Ideen so gut, wie es mir derzeit möglich ist, dargestellt sind. Wäre es noch rechtzeitig, wenn ich Ihnen bis zum 15. August einen Entwurf schickte? Ich habe mir selbst den Termin gesetzt, um bis dahin das Material in einen schlüssigen Zusammenhang zu bringen und lesbar zu machen.

Mein Vorschlag wäre, dass der Entwurf, den ich schicken werde, das Herzstück dessen wird, was gedruckt werden soll. Mir ist bewusst, dass mein Vorschlag der ursprünglichen Hoffnung hinsichtlich unserer Korrespondenz zuwider läuft, aber so sehr ich mich auch bemühe, ich kann die in Ihren Briefen gestellten Fragen nicht direkt beantworten, ohne die Bedeutung dessen, was ich ausdrücken möchte, zu entstellen. Gleichzeitig habe ich das Gefühl, dass das sich jetzt herausbildende Material viele der Dinge, die Sie gern wissen möchten, erhellen wird – auf eine Weise, die mir als die bestmögliche erscheint.

Von dem Moment an, als ich meine Ideen zu sammeln begann, war mir klar, dass das Problem nicht darin besteht, was gesagt werden sollte, sondern was ich sagen kann. Die Frage-und-Antwort-Methode hat von Anfang an unüberwindbare Schwierigkeiten aufgeworfen, denn eine Frage stülpt der Antwort ihre eigene Rhetorik und Syntax über, ungeachtet des Problems, ob diese Rhetorik der Wahrheit dient oder nicht, während ich mir selbst die Aufgabe stellen musste, für diese ganz bestimmten Bilder die präziseste Rhetorik zu finden.

Sollte ich mich beispielsweise auf eine Diskussion über „Raum" einlassen, müsste ich zunächst das Wort von seiner gegenwärtigen Bedeutung in Büchern über Kunst, Astrologie, Atomwissenschaften und Multidimensionalität befreien, müsste es dann neu definieren und so sehr entstellen, bis es nicht mehr erkennbar wäre, um so eine gemeinsame Basis für eine Diskussion zu schaffen. Das ist ein gefährliches und vergebliches Unterfangen. Die Strategie ist vielleicht fabelhaft, aber der Soldat ist dann tot.

Tatsache ist,, dass ich beim Malen meiner Bilder nicht in Begriffen von Raum denke, und es ist besser, wenn ich im rechten Moment meine eigenen Wörter finde, und dann kann ich eher den Gefühlen zu meinen Bilder näherkommen, die meine Bilder in Ihnen wecken und die Sie so anschaulich beschrieben haben und die ich, wie ich denke, verstehe und respektiere.

Gleichzeitig sind Ihre Briefe von unschätzbaren Wert, und ich hoffe, Sie werden mir weiter schreiben, wann immer Sie können, und meine unzulänglichen Antworten erdulden. Ihre Briefe helfen mir, die Themen und meine Ideen dazu schärfer zu fassen. Mehr noch, sie machen Sie zu einer konkreten Zuhörerin, an die ich meine Gedanken richte und deren Wärme und Verständnis in mir den Wunsch wecken, aufrichtig und klar zu sein.

Mit freundlichen Grüßen
Mark Rothko

Brief an Katharine Kuh, ca. August 1954

Katharine Kuh Papers, Institutional Archives, Art Institute of Chicago

Liebe Katharine Kuh –
Ich wollte Ihnen für Ihre Freundlichkeit und Ihr Verständnis danken. Jedenfalls hat mir unser Telefongespräch eine sehr nötige Unterbrechung vom Atelier gegeben, das all meine Aufmerksamkeit in Anspruch nahm.

Ich wollte Ihnen gern sagen, dass Sie einen Prozess des Nachsinnens über Ideen und Arbeit in Gang gesetzt haben, dem ich mich seit Jahren nicht mehr unterzogen habe und den ich wertvoll und belebend finde, und dafür möchte ich Ihnen nochmals danken.

Irgendwann demnächst, wenn die derzeitigen Anspannungen hinter mir liegen, werde ich den Prozess zu einem Ende bringen und würde Ihnen dann, wenn Sie einverstanden sind, das Ergebnis zusenden.

Was die Ausstellung angeht, so ist es wichtig, dass ich, sobald Sie die Informationen haben, erfahre, wann die Bilder abgeholt werden und ob die 2,40 x 3,40 Meter messenden Leinwände, die größten der Auswahl, versandt werden können, ohne dass sie gerollt werden müssen, und wer der Spediteur ist, mit dem ich hier die Versandart besprechen kann.

Ich wünsche Ihnen die glücklichsten Ferien, sowohl hier als auch bei David Smith. Meine besten Grüße an ihn. Und ich freue mich immer sehr, von Ihnen zu hören.

Mark Rothko

Brief an Petronel Lukens, 18. August 1954

Katharine Kuh Papers, Institutional Archives, Art Institute of Chicago. Lukens war Katharine Kuhs Assistentin.

102 W.54th St., N.Y.C.
18. August 1954

Mr. Petronel Lukens[34]
Chicago Art Institute

Sehr geehrter Mr. Lukens,
Vielen Dank für Ihren Brief. Ich bin erleichtert, dass meine Bilder nicht gerollt werden müssen.

Ich war überrascht von Ihrer Bitte, dass die Bilder vor Labor Day in Chicago eintreffen mögen, denn ich habe einen Brief von Mrs. Kuh vom 3. Juni vor mir, mit der Auskunft, „die Bilder müssen nicht vor Ende September aus New York abgeschickt werden". Es gibt wichtige Gründe, warum das spätere Datum mir eher zusagt, darunter der, dass mehrere Gäste aus dem Ausland die Bilder kurz vor dem 15. September in meinem Atelier zu sehen wünschen und außerdem wäre es von Vorteil, wenn ich mehr Zeit hätte, mir die Auswahl, die ich getroffen habe, länger zu überlegen.

Es sei denn, Mrs. Kuhs Pläne würden dadurch ernstlich durchkreuzt, würde ich die Bilder lieber kurz nach dem 15. September schicken. Sollten aber andere schwierige Probleme auftauchen, von denen ich nichts weiß, dann bitte ich Sie, mir das zu sagen, und ich werde alles tun, um behilflich zu sein.

Ich werde mich mit Budworth[35] in Verbindung setzen und hoffe, dass ich mit der Firma auf der Grundlage Ihres Briefes die nötigen Vorkehrungen besprechen kann, damit die Bilder während des Transports geschützt sind.

Mit freundlichen Grüßen, Mark Rothko

34 Offenbar hatte Rothko anfangs irrtümlicherweise angenommen, Lukens sei ein Mann.
35 Der Name Budworth wird in den Unterlagen des Museums in Chicago häufig erwähnt, vermutlich handelt es sich um die Spedition, die auf Verpackung und Transport von Bildern spezialisiert war.

Brief an Petronel Lukens, 12. September 1954

Katharine Kuh Papers, Institutional Archives, Art Institute of Chicago

Mark Rothko
102 W. 54th St.
New York City
12. September 1954

Mr. Petronel Lukens
The Art Institute of Chicago
Chicago, Ill.

Sehr geehrter Mr. Lukens,
Vielen Dank für Ihre guten Ratschläge. Ich habe mich mit Budworth beraten und veranlasst, dass die Bilder am 17. September abgeholt werden. Es sind, wie von Mrs. Kuh in ihrem Brief im Juni erbeten, neun Bilder. Budworth hat mir versichert, dass sie am 1. Oktober bei Ihnen eintreffen werden.

Meine Bilder sind mit Nummern und Jahreszahl ausgezeichnet. Untenstehend ist eine Liste der Bilder, die geschickt werden, mit den Preisen, zu denen sie an Interessenten verkauft werden sollen.

#12 – 1951	$ 1.000
#14 – 1951	$ 1.300
#10 – 1952	$ 4.000
#7 – 1953	$ 1.800
#6 – 1954	$ 2.000
#9 – 1954	$ 2.000
#11 – 1954	$ 2.250
#4 – 1953	$ 1.800
#1 – 1954	$ 2.500

Ich hoffe, die Angaben reichen aus, um den üblichen Versicherungsschutz für die Bilder zu vereinbaren und Budworth zu informieren. Sobald die Bilder abgeholt worden sind, schreibe ich an Mrs. Kuh und teile ihr Maße und andere relevante Einzelheiten mit, damit sie die Informationen vor Eintreffen der Bilder hat.

Noch einmal vielen Dank für Ihre Hilfe.
Mit freundlichen Grüßen,
Mark Rothko

Brief an Katharine Kuh, 20. September 1954

Katharine Kuh Papers, Institutional Archives, Art Institute of Chicago

Montag, 20. September
102 W. 54th

Liebe Katharine Kuh –
Eine Verlängerung der Ausstellung wäre mir sehr recht, und ich danke Ihnen, dass Sie die Gelegenheit dazu schaffen. Im Moment sehe ich keinen Grund, warum das nicht möglich sein sollte. Habe ich Zeit bis Freitag, um die Daten und andere Überlegungen in Betracht zu ziehen, so dass Sie am Montag eine endgültige Antwort hätten? Soweit ich weiß, wird die Ausstellung in Providence am 19. Januar eröffnet. Ich bin mir nicht sicher, ob ich manche oder alle der Bilder von der Ausstellung in Chicago dort zeigen werde. Aber ich möchte mich absichern, dass das möglich wäre, sollte ich das zum gegebenen Zeitpunkt wünschen.

    Nachdem die Arbeiten jetzt in Budworths Obhut sind, möchte ich Ihnen gern sagen, dass ich ein gutes Gefühl dabei habe, sie Ihnen zu schicken, und dass ich zutiefst dankbar bin für Ihr Feingefühl, das Sie gegenüber den Arbeiten und meiner Haltung dazu, gezeigt haben. Ich habe neun Bilder geschickt, von denen Sie sieben ausgewählt haben, zwei weitere sind seit Ihrem Besuch hier entstanden, und ihre Einbeziehung hat, so denke ich, die Wirkung der Bildergruppe beträchtlich erhöht. Ich hoffe, die Gruppe erscheint Ihnen so stimmig wie mir hier im Atelier.

    Ich lege ein Foto bei und hoffe, dass es für Ihre Zwecke geeignet ist.

    Am Wochenende schreibe ich Ihnen zu den Daten und werde all das hinzufügen, was mir einfällt und von dem ich glaube, dass es nützlich sein könnte. Und nun, nachdem Ihre Wanderschaft vorüber ist, hoffe ich, dass Sie erfrischt und gestärkt und gesund wieder zurück sind.

    Mit freundlichen Grüßen, Mark Rothko

    P.S. Wenn es möglich ist, den Urheber des Fotos zu erwähnen – ich weiß, dass der Fotograf das sehr schätzen würde.

Brief an Katharine Kuh, 25. September 1954

Katharine Kuh Papers, Institutional Archives, Art Institute of Chicago

102 W. 54th St. N.Y.C.
25. September 1954

Liebe Katharine Kuh –
Budworth glaubt, wenn die Bilder bei Schließung der Ausstellung unverzüglich dem Spediteur übergeben werden können, dann könnten sie am 10. Januar entweder in Providence oder in New York ankommen, und das würde reichen. Ich gehe davon aus, dass das möglich ist, und wäre deshalb froh, wenn die Ausstellung bis Ende Dezember verlängert werden könnte.

Obwohl ich die Blaupausen gründlich studiert habe, ist es mir unmöglich, wie ich merke, ein echtes Raumgefühl zu bekommen oder auch die Probleme vorauszusehen, die es bei der Hängung geben könnte. Ich dachte, vielleicht ist es nützlich, wenn ich Ihnen jetzt ein paar allgemeine Vorstellungen mitteile, zu denen ich im Lauf der Jahre aufgrund meiner eigenen Erfahrung mit der Hängung von Bildern gelangt bin. Vielleicht ist das in der gegenwärtigen Situation hilfreich, vielleicht aber auch nicht.

Da meine Bilder groß, farbenfreudig und ungerahmt sind und da die Wände in Museen gewöhnlich riesig und überwältigend sind, besteht die Gefahr, dass meine Bilder als dekorative Flächen zu den Wänden in Beziehung treten. Das wäre eine Verzerrung ihrer Bedeutung, da die Bilder intim und intensiv sind, das reine Gegenteil dessen, was dekorativ ist, außerdem sind sie für die Maße des normalen Lebens gemalt, nicht für einen institutionellen Rahmen. Ich habe gelegentlich das Problem dadurch gelöst, dass ich die Bilder ganz eng gehängt habe statt vereinzelt. Indem ich den Saal mit dem von den Bildern ausgehenden Gefühl gesättigt habe, waren die Wände besiegt, und das Ergreifende jedes einzelnen Werks wurde für mich deutlicher sichtbar.

Außerdem hänge ich die größten Bilder so, dass die erste Begegnung mit ihnen aus nächster Nähe stattfindet, so dass man zunächst das Erlebnis hat, in dem Bild zu sein. Das kann dem Betrachter durchaus den Schlüssel zu der idealen Beziehung zwischen ihm und den restlichen Bildern geben. Außerdem hänge ich die Bilder niedrig, nicht hoch, und besonders die allergrößten hänge ich so niedrig wie irgend möglich, denn so wurden sie auch gemalt. Und zuletzt: es mag sich lohnen, ein Bild auf die andere Seite der Trennwand zu hängen, denn einige Bilder wirken in einem begrenzten Raum besonders gut.

All diese Vorstellungen sind auf die Entfernung gesehen natürlich nur vage. Ich schreibe sie Ihnen für den Fall, dass sie anregend oder hilfreich sind. Das Beste wäre, alle neun Bilder könnten gehängt werden, denn ich habe sie als Gruppe zusammengestellt. Mir ist klar, dass das vielleicht nicht möglich ist. Würden Sie mir bitte die Nummern von den Bildern schicken, die Sie womöglich auslassen? So könnte ich mir die Ausstellung besser vorstellen. Natürlich würde ich sie gern sehen. Sie erwähnen, dass ich vielleicht eingeladen werden könnte, um einen Vortrag zu halten. Die Idee würde mir gefallen, wenn es sich einrichten ließe.

Ich hoffe, Ihre Gefühle für die Bilder, wenn sie eintreffen, sind so positiv wie damals im Atelier, und dass dieses Gefühl während der Ausstellung anhält.

Mit sehr herzlichen Grüßen
Mark Rothko

Brief an Katharine Kuh, 27. September 1954

Katharine Kuh Papers, Institutional Archives, Art Institute of Chicago

Mark Rothko
102 W. 54th St.
New York City
27. September 1954

Mrs. Katharine Kuh
The Art Institute of Chicago

Liebe Katharine Kuh,
Wie ich Ihnen schon bei unserem letzten Treffen in New York sagte, ist meine Zusammenarbeit mit der Betty Parsons Gallery seit letztem Frühjahr beendet. Für den Fall, dass es in den Dokumenten, die zur Ausstellung gedruckt werden, Danksagungen gibt, schreiben Sie bitte zu den Bildern „Leihgabe des Künstlers". Außerdem, dass alle Vorgänge wie Verkauf oder anderes direkt mit mir zu regeln seien.
    Da Sie nachgefragt haben, möchte ich Ihnen gern erklären, dass die Provision in Höhe von einem Drittel des Verkaufspreises, die ich für den Fall, dass ein Verkauf zustande kommt, gewähre, zwischen dem Museum und Betty Parson zu teilen ist. Ich habe ihr geschrieben und mitgeteilt, dass das Museum eine Provision von 20% berechnet und dass ich ihr den Rest auszahlen werde.
    Sollte sie sich an Sie wenden und eine andere Art der Aufteilung der Provision aushandeln und durchsetzen können, lassen Sie es mich bitte wissen.
    Mit freundlichen Grüßen
Mark Rothko

Brief an Katharine Kuh, 20. Oktober 1954

Katharine Kuh Papers, Institutional Archives, Art Institute of Chicago

20. Oktober 1954

Liebe Katharine Kuh,
Vielen Dank für die sehr freundlichen Worte, die Sie über die Ausstellung geschrieben haben. Zwischen den Zeilen Ihres kurzen, jedoch beredten Briefes las ich, dass es, was das Publikum angeht, für Sie und die Bilder ziemlich schwierig ist. Sie haben sicherlich von Anfang an gewusst, dass dies der Fall sein würde, und ich bewundere Ihren Mut, die Bilder zu zeigen.

Was meinen Besuch betrifft: Obwohl ich selbst den Vorschlag gemacht habe, einen Vortrag zu halten, stelle ich jetzt fest, dass ich nicht den Mut dazu habe, in so großer zeitlicher wie räumlicher Nähe zu der Ausstellung die Rolle des Apologeten für die Bilder zu übernehmen. Ihr Brief bestätigt meine Gefühle, und vielleicht würden Sie mir inzwischen selbst zustimmen, dass ich Recht habe. Es wäre schön, wenn ich während einer natürlichen Pause bei der Arbeit in meinem Atelier in einen Zug steigen und hinfahren könnte, um mit Ihnen und ein paar von denjenigen, denen meine Bilder gefallen haben, zusammenzusein. Doch meine Umstände lassen das derzeit nicht zu. Verzeihen Sie mir also bitte für die unnötigen Scherereien, die Sie meinetwegen bei Ihren Vorkehrungen hatten.

Ich werde Ihnen für alle Einzelheiten, die Sie mir über den Verlauf der Ausstellung schicken können, dankbar sein. Das würde die Ausstellung für mich sehr viel realer machen. Es ist ziemlich beklemmend, die Bilder in so großer Entfernung gehängt zu wissen. Ich bin sehr dankbar dafür, dass Sie da sind und dass Sie für die Bilder sind.

Mit freundlichen Grüßen, Mark Rothko

P.S. Könnten Sie mir bitte die Nummer des Bildes mitteilen, das Sie nicht hängen konnten, und falls es eine gedruckte Ankündigung der Ausstellung gibt, könnten Sie mir bitte eine Anzahl schicken, die ich Freunden weitergeben könnte, die vielleicht nach Chicago kommen, solange die Ausstellung noch läuft.

Brief an Katharine Kuh, 23. Oktober 1954

Katharine Kuh Papers, Institutional Archives, Art Institute of Chicago

23. Oktober 1954

Liebe Katharine Kuh,
Heute Nachmittag erhielt ich, rein zufällig, von zwei Besuchern den ersten Bericht über die Ausstellung. Ich begegnete Walter Landor und seiner Frau aus San Francisco, die gerade aus Chicago gekommen waren. Sie bekundeten ihre allem Anschein nach aufrichtige Bewunderung für die Ausstellung und die Art und Weise, wie die Bilder gezeigt werden. Insbesondere beschrieben sie auf lebhafte und begeisterte Weise die Wirkung, die von dem großen Bild ausging.

Die Begegnung hat dazu beigetragen, mir die Ausstellung konkreter zu machen, und das hat mir große Freude gemacht, worüber ich Ihnen unverzüglich berichten möchte, in dem Gedanken, dass es auch Sie erfreut.

Übrigens, da Sie häufig in New York sind – haben Sie vor, in nächster Zeit herzukommen? Es wäre so gut, Sie zu sehen und mit Ihnen zu sprechen.

Mit freundlichen Grüßen
Mark Rothko

Brief an Katharine Kuh, 29. November 1954

Katharine Kuh Papers, Institutional Archives, Art Institute of Chicago

102 West 54th St.
New York City
29. November 1954

Liebe Katharine Kuh –
Ich würde mich gern ausführlich zu vielen Dingen äußern, über die wir hier während Ihres Besuches gesprochen haben. Doch ich werde mich kurz fassen müssen, weil ich den Brief bald losschicken möchte, damit Sie die Versicherung für das Bild rechtzeitig abschließen können. Das Bild wird am Mittwoch, den 1. Dezember, mein Atelier früh morgens verlassen und vermutlich gegen Ende der Woche nach Chicago versandt werden. Die Summe von $ 4.000 war richtig.

Selbstverständlich hat mich das Interesse an meinen großen Bildern gefreut, aus vielen Gründen, über die wir gesprochen haben, und ich unterschätze keineswegs Ihre Gefühle und Bemühungen für meine Bilder, die zu dieser Wende der Ereignisse geführt haben. Es hat mich gefreut, Mr. Kaufman und Mr. Rich kennenzulernen und ihre Reaktionen zu den Bildern zu erleben, und hoffe, dass Sie ähnlich stark auf die Bilder reagieren wie allem Anschein nach die beiden Herren.

Ich wollte noch hinzufügen, dass ich nicht enttäuscht war, dass der Vortrag nicht zustande gekommen ist. Obwohl ich die Ausstellung gern gesehen hätte, wäre eine Unterbrechung meiner Arbeit, in die ich gegenwärtig vertieft bin, sehr verwirrend für mich gewesen. Die Versuchung wurde auf diese Weise durchkreuzt.

Ich sende Ihnen abermals meine herzlichsten Grüße und guten Wünsche, und meine Familie schließt sich mir an, und wir alle hoffen, dass Sie uns bald wieder hier besuchen werden.

Mit freundlichen Grüßen
Mark Rothko

Brief an Katharine Kuh, 11. Dezember 1954

Katharine Kuh Papers, Institutional Archives, Art Institute of Chicago

11. Dezember 1954

Liebe Katherine Kuh –
Mr. Kaufmans Anstrengungen und Einsatz ist es zu danken, dass wir eine breite Rolle ausfindig gemacht haben, um die das Bild gerollt wird, und am Montag Morgen wird es von Budworth abgeholt. Es tut mir leid, aber ich wusste nicht, dass es an Budworth lag, dass der ursprüngliche Plan nicht geklappt hat, denn die ganze Verzögerung hätte vermieden werden können. Ich muss sagen, dass ich tief berührt von Mr. Kaufmans unermüdlichen Bemühungen war, das Bild nach Chicago zu bekommen, aber auch von Ihren Bemühungen in dieser Sache.

Mr. Kaufman deutete an, dass es für Ihre Mitarbeiter ein Leichtes sei, einen Keilrahmen für das Bild anzufertigen (mein eigener ist auf Grund der häufigen Benutzung so geflickt, dass es zu schwierig wäre, ihn wieder zusammenzusetzen.) Ich möchte Ihnen noch Folgendes zu dem Bild schreiben und Vorschläge zu dem Keilrahmen machen, die vielleicht hilfreich sind. Das Bild ist im Mittelbereich jeweils ungefähr zwei Zentimeter kürzer als an den Rändern. Deshalb möchte ich vorschlagen, dass Sie einen Keilrahmen aus Kanthölzern bauen, die nicht stärker sind als 2,5 x 7,5 cm, und dass die Querstreben näher an den Ecken eingesetzt werden und nicht in der Mitte, wie ich das in der Skizze andeute. Auf diese Weise kann das Holz in der Mitte genügend nachgeben, ohne zuviel Zug auf den Mittelteil des Bildes auszuüben.

In ein paar Tagen werde ich Ihnen zu dem Rücktransport der Bilder schreiben können. Noch einmal vielen Dank für alles, und ich hoffe, dass die Bilder jetzt, da die Ausstellung zu Ende geht, Ihnen immer noch zusagen.

Mit freundlichen Grüßen,
Mark Rothko

An den äußeren Ecken misst das Bild 299 x 269 cm. Ich schicke den alten Keilrahmen einfach mit, vielleicht ist er ja nützlich.

Brief an Petronel Lukens, 16. Dezember 1954

Katharine Kuh Papers, Institutional Archives, Art Institute of Chicago

Mark Rothko
102 W 54th St.
New York City
16. Dezember 1954
Art Institute of Chicago

Sehr geehrte Miss Lukens –
Bitte schicken Sie alle Bilder nach Providence, Rhode Island. Sollte die Bilder-Kommission beschließen, eins der Bilder zurückzubehalten, bitte ich Sie, mir so bald wie möglich mitzuteilen, welches es ist, damit ich ausreichend Zeit habe, ein anderes von hier als Ersatz zu schicken.

Das große Bild, das Mr. Rich und Mr. Kaufman ausgesucht haben, wurde am Montag, den 14. Dezember, von Budworth abgeholt. Es müsste bald bei Ihnen eintreffen. Ich habe die äußeren Leisten des Keilrahmens mitgeschickt und sowohl die Leisten als auch den Überschlag der Leinwand mit roten Buchstaben markiert, um ihre richtige Position kenntlich zu machen. Wie ich schon Mrs. Kuh schrieb, bin ich mir nicht sicher, ob der Keilrahmen benutzt werden kann, weil die ineinander greifenden Vertiefungen alle fehlen.

Ich wäre sehr dankbar, wenn ich Kopien der Zeitungsartikel und Briefe haben könnte, von denen Mrs. Kuh sprach. Wenn die Originale in Ihrem Archiv bleiben müssen, wäre ich gern bereit, für Fotokopien zu bezahlen.

Herzlich,
Mark Rothko

Brief an Katharine Kuh, ca. 1954

Katharine Kuh Papers, Institutional Archives, Art Institute of Chicago)

Liebe Katharine Kuh –
Gestern habe ich einen Brief an Sie abgeschickt, und dann fiel mir ein, dass Sie um die Rückgabe Ihres Briefes gebeten hatten.
Mir kam die Idee, dass es gut wäre, wenn wir beide Kopien der vollständigen Korrespondenz hätten. Deshalb habe ich eine Kopie von Ihrem Brief gemacht und behalten. Ich glaube, es wäre leichter, wenn wir jeweils von unseren eigenen Briefen eine Kopie machten, bevor wir sie abschickten. Auf diese Weise können wir beide am Ende Vorschläge einbringen, die sich als nützlich erweisen könnten.

Über der Qual des Schreibens habe ich ganz vergessen, Ihnen überaus vergnügliche und erholsame Ferien zu wünschen, und ich hoffe, es ergibt sich die Möglichkeit zu einem Treffen, bevor Sie nach Chicago zurückkehren, so dass wir sowohl über die Korrespondenz und als auch über die Bilder für die Ausstellung sprechen können.

    Mit freundlichen Grüßen
    Mark Rothko

Denkt man über das Wesen der Kunst nach ..., ca. 1954

> Fragment eines Aufsatzes über Nietzsche und die griechischen Götter. *Rothko Papers*. Dieser Text und die beiden folgenden sind nicht datiert. Rothko richtet sich darin an einen Fragesteller, dem er das Wesentliche seiner Kunst zu erklären hofft. Wahrscheinlich bereitete Rothko die Texte für Katharine Kuh vor (siehe auch Brief vom 28. Juli 1954: „Seit dem Moment, als ich den ersten Brief von Ihnen erhielt, habe ich Ideen notiert, sobald sie mir in den Kopf kamen. Inzwischen hat sich einiges an Material angesammelt, in dem diese Ideen so gut, wie es mir derzeit möglich ist, dargestellt sind"

Denkt man über das Wesen der Kunst nach, lässt sich, meiner Erfahrung nach, kaum eine bedeutungsvollere Rhetorik oder Symbolik finden als die Symbole der griechischen Götter, besonders, wenn das eigene Denken westlich geprägt ist und man sich bestenfalls widerstrebend auf eine esoterische Ebene begibt, wo die Luft dünner ist. Denn die griechischen Götter waren in ihren verschiedenen Rollen so klug, sowohl die Qualitäten und Möglichkeiten menschlicher Ausdrucksfähigkeit als auch deren Begrenztheit in Bildern zu verschlüsseln. Und während die Sprache aufgrund ihrer Neigung zu Abschweifungen dazu gemacht scheint, Gedanken zu verschleiern, waren sowohl das Wesen der Götter als auch ihre Beziehung zu den Griechen, über die sie herrschten, derart, dass die Griechen mit den gleichen Listen und Täuschungen, die sie untereinander anwandten, auch die Absichten der Götter durchkreuzen konnten, die bestimmten, wie viel Sprache in die Wahrheit eingehen durfte, bevor Gefahr drohte. Offenbar ist es die Rolle des Künstlers, zu stochern und zu bohren, auf die Gefahr hin zu zerstören – was immer das Risiko war, wenn man in verbotenes Gelände eindrang. Einige entgingen der Zerstörung und kamen zurück, um die Geschichte zu erzählen.

Es liegt schon viele Jahre zurück, da stieß ich in Nietzsches *Geburt der Tragödie* auf Betrachtungen über diese Beziehung. Sie haben einen unauslöschlichen Eindruck in meinem Denken hinterlassen und das Gefüge meiner eigenen Gedanken zu den Fragen der Kunst für immer gefärbt. Und sollte die Frage gestellt werden, warum ein Aufsatz, der sich mit der griechischen Tragödie befasst, eine so große Rolle im Leben eines Malers spielt (denn ich glaube nicht, dass die Künste einander nachahmen können), dann kann ich dazu nur sagen, dass die Grundanliegen des Lebens für alle - für den bildenden Künstler, den Dichter und den Musiker - die gleichen sind. Und es erinnert uns daran, dass das, was man von den Göttern erhaschen kann, von Listen abhängt, die weder gelehrt noch gelernt werden können, da man die Götter niemals zweimal auf die gleiche Art überlisten kann, und ich hoffe, das erklärt meine Begeisterung.

Die Frage, was ihnen abgerungen und wie es nützlich angewendet werden kann - denn wie ein sehr wertvolles gestohlenes Juwel kann es nur unter bestimmten Maskierungen und Bedingungen gezeigt werden ... [36]

---

36 Das Fragment endet hier

Das Verhältnis zu meiner eigenen Vergangenheit, ca. 1954

Rothko Papers

Sie fragen, wie es dazu kam, dass ich die Richtung eingeschlagen habe, in der ich mich jetzt bewege. Natürlich stellt sich sofort die Hoffnung ein, dass das eigene Malerleben eine logische und geordnete Fortsetzungsgeschichte ist, in der eine Sache gelöst wird und der nächsten zur Entstehung verhilft, und dann wieder der nächsten, in einer kontinuierlichen Entwicklung. Doch leider, wenn man so auf die Vergangenheit blickt – wie viele Ablenkungen, wie viele dunkle Gassen, wie viel Umherwandern. Ich weiß, dass es in meinem Fall reichlich viel davon gab.

Doch als ich kürzlich Gelegenheit hatte, mir eine Gruppe meiner Bilder anzusehen, die ich vor zwanzig Jahren gemalt habe, schien es mir, dass die Bilder jetzt eine größere Bedeutung für mich haben als sie zu dem Zeitpunkt, als sie gemalt wurden, überaupt gehabt haben können. Das war im Angesicht dessen, was danach in meinem Werk geschah. Denn in jenen alten Bildern schien ein Streben nach dem Gegenwärtigen zu liegen. Leider kann man dieses Verständnis nur im Rückblick gewinnen, denn während die Bilder heute als Vorspiel für die gegenwärtige Arbeit so logisch erscheinen, wäre es damals unmöglich gewesen, sich die gegenwärtige Lösung vorzustellen, zu der die Bilder gelangt sind, so wie ich auch jetzt keinerlei Vorahnung von dem habe, was noch kommen mag.

Raum in der Malerei, ca. 1954

Rothkos Papers

Es schent mir, dass es in unserer Diskussion um den Begriff „Raum" nützlich wäre, Synonyme zu benutzen, die konkreter in ihren subjektiven Attributen sind, so wie zum Beispiel Tiefe, denn die Erfahrung von Tiefe ist eine Erfahrung des Durchdringens von Schichten von Dingen, die immer weiter entfernt sind. Und dann, wenn wir von subjektiven Elementen sprechen, wenn wir zum Beispiel in einem konkreten Bild die Intensität von Gefühlen ausdrücken wollen, sprechen wir von der Tiefe des Gefühls oder vom Vordringen zu Wissen oder Erkenntnis, was das Entfernen von Schleiern bedeutet, was heißt, dass wir aus einer Tiefe kommen und frontal in das Verstehen vorstoßen, oder dass Schleier zurückgezogen werden, die das, was dahinter liegt, verbergen. Ich meine, wir drücken auf diese verschiedenen Weisen aus, wie abhängig wir von der Empfindung sind, dass die Dinge näher oder weiter entfernt sind, wenn es darum geht, ein wirkliches Verhältnis zu ihnen herzustellen. Wenn wir also von dem Wunsch nach dem Direkten, dem Unverhüllten, der erlebten Oberfläche sprechen, dann würde ich sagen, dass meine Bilder in diesem Sinne Raum haben. Also in dem Sinne, dass das Dunkle beleuchtet wird oder, auf einer metaphysischen Ebene, das Ferne nahe gebracht wird in in die Reichweite meines menschlichen und intimen Verständnisses.

Worauf ich in Gemälden immer reagiere, das ist die Klarheit solcher Handhabung, ungeachtet der Epoche oder des Themas. Hier, sagt der Maler, ist das, woraus meine Welt gebildet ist: Ein Stück Himmel, ein Stück Erde, ein Stück Leben. Und er breitet alles auf der Tafel für mich aus, damit ich es aus gleicher Entfernung betrachten, es in unveränderter Form in der Handfläche meines Verstehens halten kann – hier sind Augen, hier ist ein Kopf – als Ausdruck von Wünschen und Ängsten und Sehnsüchten des lebendigen Geistes.

Brief an Katharine Kuh, 11. Januar 1955

Katharine Kuh Papers, Institutional Archives, Art Institute of Chicago

Mark Rothko
102 West 54th St.
New York City
11. Januar 1955

Liebe Katharine Kuh –
Der Scheck kam gestern, und ich möchte Ihnen noch einmal ganz herzlich danken für alles, was Sie in den letzten Monaten für meine Bilder getan haben. Ich brauche gar nicht zu erwähnen, wie sehr diese Transaktion zu dem Seelenfrieden beigetragen hat, mit dem ich meine jetzige Arbeit fortsetzen kann. Außerdem freue ich mich, dass genau dieses Bild einen Platz gefunden hat, denn ich frage mich oft, wie meine großen und wichtigen Bilder physisch überleben können.

Ich habe Betty Parsons, die gerade wieder in New York eingetroffen ist, von dem Verkauf unterrichtet, und am Freitag – sobald Ihr Scheck meinem Konto gutgeschrieben ist – erhält sie den Rest der Provision von einem Drittel, der sich auf $733,33 beläuft. Das war die Verabredung, in die alle Beteiligten eingewilligt hatten und von der ich Sie vor der Eröffnung der Ausstellung unterrichtet hatte. Ich bin sehr froh, dass dies mit Ihren eigenen Wünschen übereinstimmt.

Sollten Sie irgendwann einen Moment Zeit finden, wäre ich Ihnen dankbar, wenn Sie mir alles, was im Zusammenhang mit der Ausstellung an Gedrucktem und Briefen existiert, sammeln und mir schicken könnten. Sollten Sie diese Unterlagen für Ihre eigenen Akten brauchen, würde ich sie nach kurzer Zeit zurückschicken.

Ich hoffe, dass Ihre Geschäfte Sie bald wieder nach New York bringen und Sie uns dann besuchen werden. Auch meine Familie schickt Ihnen die besten Wünsche und grüßt Sie herzlich.

Mit freundlichen Grüßen,
Mark

Brief an Herbert Ferber, 7. Juli 1955

Herbert Ferber Papers, 1932–1987, Privatkorrespondenz, Mikrofilm, Spule N69/133. Archives of American Art, Smithsonian Institution, Washington, D.C. Rothko schrieb diesen Brief von der University of Colorado in Boulder, wo er im Sommer 1955 einen zehnwöchigen Kurs unterrichtete.

7. Juli 1955

Liebe Motherwells und Ferbers –

Wir wollen es uns gleich bequem machen und Euch erzählen, wie Gerry Levine und die Byrnes[37] zu uns zu Besuch kamen und wie der Besuch verlief. Es ist so typisch.

 Wir haben ein Auto gekauft von einem Händler, der für die besondere Zuverlässigkeit empfohlen wurde, wie sie nur westlich des Mittleren Westens zu finden sei. Es wurde uns garantiert, dass das Auto uns begeistert zu jedem bestaunenswerten Ort im Umkreis fahren würde. Doch nach acht Meilen auf dem Weg zum Boulder Canyon hinauf gab der Kühler seinen Geist auf. Wir winkten wild, damit jemand anhielt, und wer hielt an, um uns zu helfen?? Gerry Levine, Mr. und Mrs. Byrnes, Inez Johnson und ein Hund. Es war herrlich, sie zu sehen, denn der Duft von ihrem Treffen mit Euch und der des Paradises New York haftete noch an ihnen.

 Wir verbrachten das Wochenende vom 4. Juli in Colorado Springs. Gerry war da, als wir ankamen, fuhr aber am selben Abend noch ab, und wir haben eine Verabredung mit den Levines in Aspen für Mitte August, wenn dort die Goldberg-Musik stattfindet.

 Die Byrnes waren vorzügliche Gastgeber, und ich muss sagen, dass sie mit solcher Hingabe und Aufrichtigkeit an Euch hängen, wie man es nur bei den Ungläubigen findet. Ich bin bereit zu sagen, dass ich ihnen allein deswegen die Schäbigkeit ihres Unternehmens und der *Welt*, in der es existiert, nachsehe. Außerdem haben wir Grove und Wolfert getroffen und länger mit ihnen gesprochen, und Deine Anwesenheit hier letztes Jahr ist ihnen deutlich in Erinnerung.

---

37 James Byrnes war Direktor des Colorado Springs Fine Arts Center.

Wir verbringen unsere Zeit hier auf der Suche nach einem menschlichen Wesen. Obwohl wir häufig eingeladen und bewirtet werden, fanden wir keine Spur eines solchen. Aus schierer Verzweiflung sehen wir uns gezwungen, an der Hoffnung festzuhalten.

Über zwei Dinge sind wir glücklich. Wir wohnen in einer Fakultätswohnung in einer Siedlung, wo sich alle Bewohner mit ganzem Herzen der Fortpflanzung verschrieben haben, so dass es für Kate viele Freunde gibt und wir zeitweilig frei von ihr haben, was wir sehr nötig hatten.

Zweitens gewinnen wir dadurch, dass wir hier wohnen, Einblicke in die Universität von heute und die sich darin andeutende geheimnisvolle Zukunft, die ich sonst niemals verstanden hätte.

Die geographische Situation macht dies wie unter einem Mikroskop sichtbar. Die Universität selbst liegt auf einem Hügel. Ganz unten sind die Fakultätswohnungen – um Versorgungseinrichtungen herum gebaute Hüllen, die sich zu einem Hof hin öffnen, in den die Kinder ausgeschüttet werden. Zweihundert Meter entfernt liegt Vetsville, wo die derzeitigen Fakultätsmitglieder noch vor vier oder fünf Jahren gelebt haben, als sie sich darauf vorbereiteten, Mitglieder der Fakultät zu werden. Jetzt leben in Vetsville ehemalige Army-Angehörige, die ihr Studium abgeschlossen haben, bereits verheiratet sind und Kinder haben, und die in drei oder vier Jahren Mitglieder der Fakultät sein werden. Sie pflanzen sich ungestüm fort, so dass Wachstum garantiert ist und der Vorgang sich in Zukunft wiederholen kann.

Die Fakultätsmitglieder dürfen nur zwei Jahre in den Wohnungen bleiben, danach müssen sie sich Hypotheken aufbürden und in ähnliche Elends-Wohnbaugebiete umziehen, wo sie dann selbst die Schäden reparieren und den Rasen sprengen müssen.

Ein Fakultätsmitglied in unserer Abteilung ist es hier leid und tritt eine Stelle am Union College, Schenectady, an. Alles ist in die Wege geleitet, und er hat dort auch wieder eine Unterkunft in einer Fakultätswohnung.

Es gibt also ein sich selbst erneuerndes Abhängigkeitssystem von Leibeigenen, die im gemeinschaftlichen Massen-Wohnen geschult sind und sich innerhalb eines Jahrzehnts zu einem beachtlichen sechsten Stand herausbilden werden. Gesichtszüge, Kopfform und Dialekt dieses Standes sind noch nicht bekannt, und die von ihm propagierte Kultur wird so verzerrt und von ihrem Ursprung so weit entfernt sein, dass sich ihr Erscheinungsbild unmöglich voraussagen lässt.

Entschuldigt bitte die lange Tirade. Aber ich will Euch noch von einem Ostküste-trifft-den-Westen-Erlebnis erzählen, das Euch gefallen wird. Bei dem Autokauf gab es mehrere Transaktionen, bei denen klar wurde, dass ich aus New York bin. Zunächst ließ der Händler durchblicken, dass es ihm unbegreiflich sei, wie überhaupt jemand in New York leben könne; der Mann mit den Nummernschildern sagte, er sei einmal in New York gewesen, wäre von dem Lärm begeistert gewesen (wie hält man den nur aus?), aber einmal sei genug; der Angestellte, der den Sehtest machte, murmelte dunkel etwas von der Korruption in Großstädten etc. etc., Als wir schließlich von der Tankstelle wegfahren wollten, begann der Händler seinen Sermon von Neuem. Aus einem törichten Impuls heraus unterbrach ich ihn und beschrieb ihm die großartigen Städte der Welt: Paris, Rom, London (aus heimatlich-ethnischen Gründen erwähnte ich auch Berlin und Oslo). Und endete damit, dass ich sagte, unter all diesen Wundern sei New York das größte Wunder.

Er lächelte sein langsames Rocky-Mountain-Lächeln. „Ich würde auch nicht in die anderen Städte reisen wollen", sagte er dann.

Was soll man da noch sagen? Liebe Grüße an Euch alle von uns und von Kate, und schreibt bitte.

Mark

Mark Rothko in der Bowery 222, 1960, Foto: Regina Bogat

Brief an Herbert Ferber, 11. Juli 1955

Herbert Ferber Papers, 1932–1987, Privatkorrespondenz, Mikrofilm, Spule N69/133. Archives of American Art, Smithsonian Institution, Washington, D.C.

11. Juli 1955
1255, 19th St.
Boulder, Col.

Liebe Ferbers –
Wir haben gerade einen Gemeinschaftsbrief an Euch und die Motherwells abgeschickt. Wir haben ihn an Robert geschickt, da er ein paar Klatschgeschichten enthält, die auf seinen Aufenthalt hier im letzten Jahr anspielen. Aber auch meine Meditationen über die physische und menschliche Wüste hier sind darin enthalten, die uns hoffentlich in unseren begeisterten Hymnen auf die paradiesische Insel New York, bestärken wird, und ich bin so froh, dass Ihr eine Farm gekauft habt, die praktisch in einem Vorort von dieser großartigen Stadt liegt. Ihr geht in ein paar Tagen, nicht wahr? Ich wünschte, wir könnten mit Euch gehen.

Auf mich werden drei Arten von Druck ausgeübt, und ich verspreche, dass ich keinem davon nachgeben werde. 1. Alle unsere Bekannten an der Universität wollen, dass wir auf Berge steigen; 2. Mell möchte, dass ich auf ein Pferd steige; 3. Meine Studenten möchten, dass ich ihnen beibringe, wie man abstrakt-expressionistisch malt.

Mein Boss hier ist Boston, Harvard, und leider ein armer Vetter der Fricks. Für ihn bin ich Yale, Oregon, und ein Vetter des Rabbi von Lodz. Nächste Woche fahren wir nach Denver, wo wir zum Lunch im Harvard Club sein werden, und wenn wir rechtzeitig mit Montgomery Wards fertig sind, gehen wir zum Cocktail in den Yale Club. Wir gehen zu Partys, wo wir lauter reiche alte Witwen treffen, zu denen wir höflich sind, in der Hoffnung auf eine Erbschaft. Du glaubst vielleicht, ich würde hier artig dichten, aber dies ist viel wahrer, als Du Dir überhaupt vorstellen kannst.

Zwei meiner Bilder hängen seit drei Wochen hier. Dickes Schweigen umgibt sie. Kein Blick oder Wort, weder von den Lehrern, noch den Schülern, noch von den Fricks. Bei einem ersten Besuch entdeckte ich, dass eins meiner Bilder horizontal gehängt war. Ich telefonierte mit dem, der für das Hängen zuständig ist, und wies ihn auf seinen Irrtum hin. „Oh, das war kein Irrtum", sagte er, „Ich fand, dass es so den Platz besser ausfüllte." Ich schwöre bei Tizians Gebeinen, dass dies die Wahrheit ist.

Obwohl wir hier in der Wüste sind, gibt es dennoch etwas Gras, das aber an jedem ungeraden Tag des Monats gesprengt werden muss.

Katy ist sehr glücklich. Es gibt viele Kinder hier. Unsere lieben Grüße, wir vermissen Euch. Schreibt bitte.

Mark

Brief an Lawrence Calcagno, 1956

Lawrence Calcagno Papers, 1934–1980, Mikrofilm Spule N70-43-N70-45. Archives of American Art, Smithsonian Institute, Washington, D.C., Lawrence Calcagno war ein amerikanischer Künstler (1913-1993), der mit Clyfford Still und Rothko in San Francisco studierte.

102 W 54
10. Januar 1956

Lieber Larry Calcagno –
Ich möchte Ihnen mitteilen, dass ich vollkommen verärgert darüber bin, wie unsere Bilder in der letzte Ausgabe von *Art News* verwendet wurden. Ich möchte, dass Sie wissen, dass mein Foto ohne meine Erlaubnis verwendet wurde, und dass ich nicht die geringste Ahnung hatte, dass ein Artikel geschrieben wurde. So wie Sie bin ich empört darüber, dass das, was ein Künstler voller Ernsthaftigkeit tut, auf eine Weise verwendet wird, die in meinen Augen im Grunde genommen nur niederträchtig ist.

Ich glaube, dass insbesondere die Niederträchtigkeit gegen Sie so durchschaubar ist und so maßlos, verglichen mit seiner Behandlung der anderen Maler, dass das bei denkenden Menschen wenig Glaubwürdigkeit finden wird. Das ist der einzige Trost, den ich in diesem unglücklichen Vorfall finden kann.

Mit freundlichen Grüßen
Mark Rothko

Selden Rodman, Notizen eines Gesprächs, 1956

Aus Selden Rodman, *Conversations with Artists*, New York, 1957, S. 92–94

Rothko ist empfindlich, was seine Arbeit angeht, und ziemlich verschlossen. Vor vier Jahren schrieb er, es sei ein „riskantes und gefühlloses Unterfangen", ein Bild „in die Welt hinauszuschicken. Wie oft wird es durch die Blicke vulgärer Betrachter und die Grausamkeit der Unfähigen, die ihre Unzulänglichkeit auf die ganze Welt auszudehnen trachten, dauerhaft beschädigt!" Aber ich hatte das Glück, in einem Punkt Erhellung zu erhalten, ohne überhaupt danach zu fragen. Unsere Begegnung fand bei der *Whitney Annual Exhibition* statt, die ich zusammen mit einem Freund besuchte. Plötzlich tauchte Rothko auf, außer sich vor Wut. Er war wütend auf seinen Händler, der mir Erlaubnis gegeben hatte, eins seiner Bilder in *The Eye of Man* abzubilden, und wahrscheinlich auch wütend auf mich – obwohl er so taktvoll war, das nicht zu sagen –, weil ich das Buch geschrieben hatte.

„Janis hatte kein Recht, Ihnen diese Erlaubnis zu geben", sagte er und fügte hinzu, dass er erwogen hätte, sowohl gegen mich als auch gegen den Verleger rechtliche Schritte einzuleiten.

„Das hätten Sie ruhig tun sollen, Mark", sagte ich und lachte, „hätten Sie es nur getan. Das hätte dem Abstrakten Expressionismus weit mehr öffentliche Aufmerksamkeit gebracht, als ich das je tun könnte!"

„Dann möchte ich doch eins klar stellen", sagte er etwas entspannter, „ich bin kein Abstrakter."

„Für mich sind Sie ein Abstrakter", sagte ich. „Sie sind ein Meister von Farbharmonien und Beziehungen auf großer Leinwand. Wollen Sie das leugnen?"

„Das will ich in der Tat. Ich interessiere mich nicht für Beziehungen von Farben oder Formen oder dergleichen."

„Was wollen Sie denn dann ausdrücken?"

„Mein einziges Interesse besteht darin, grundlegende menschliche Gefühle auszudrücken – Tragik, Ekstase, Untergang und so weiter – und die Tatsache, dass viele Menschen in Tränen ausbrechen, wenn sie meine Bilder sehen, zeigt doch, dass ich diese menschlichen Gefühle vermittle. Ich vermittle sie unmittelbarer als Ihr Freund Ben Shahn[38], der im Grunde Journalist ist, mit gelegentlich mäßig interessanten surrealistischen Beiklängen. Die Menschen, die beim Anblick meiner Bilder in Tränen ausbrechen, haben die gleiche religiöse Erfahrung, die ich hatte, als ich sie malte. Und wenn Sie, wie Sie sagen, allein von den Beziehungen der Farben untereinander angerührt sind, dann haben Sie die Bilder nicht verstanden!"

Wir verabschiedeten uns freundlich voneinander, aber er machte keinen Hehl daraus, dass er kein weiteres Interview wünschte. Ich war froh, dass er sich soweit geäußert hatte.

---

38 Ben Shahn (1898-1969), wichtigster Vertreter des sozialen Realismus in den Vereinigten Staaten während der 30er Jahre des 20. Jahrhunderts.

Brief an Herbert Ferber, 18. März 1957

Herbert Ferber Papers, 1932–1987, Privatkorrespondenz, Mikrofilm Spule N69/133. Archives of American Art, Smithsonian Institution, Washington, D.C. Rothko schrieb den Brief von der Tulane University, wo er im Februar und März 1957 „Artist in Residence" war.

18. März 1957
510 Iona St.
Metairie,
New Orleans

Meine Lieben - Herbert Ilsa & [unleserlich] -
Als erstes möchte ich sagen, dass wir Euch vermissen. Man muss gelegentlich einen Blick auf andere Orte und Menschen werfen, um zu erkennen, welch ein Segen es ist, in New York sesshaft zu sein, und wie einzigartig und auf uns zugeschnitten die wenigen Freunde sind, die wir in den vergangenen Jahren gewonnen haben.

Heute Abend gehen wir zu einem Vortrag von St[unleserlich] und anschließend zu einer Party. Obwohl wir ihm vor zehn Tagen geschrieben und ihn eingeladen haben, bei uns zu wohnen, haben wir nicht von ihm direkt gehört, aber wir wissen, dass er heute aus Biloxi eintrifft, wo er das Wochenende mit Dusti Bongé verbracht hat. Blenken kommt auch übers Wochenende, so dass es wie in alten Zeiten sein wird.

Wir haben uns in einem Vorort eingenistet, der Metairie heißt und ein genaues Pendant zu dem stinkvornehmen Westchester ist. Wir haben ein Haus, einen ziemlich großen Garten, einen manikürten Rasen und manikürte Nachbarn. Symbolisch für unseren Stil ist die Duschkabine, in der aus sieben Duschköpfen nadelartige Wasserstrahlen kommen, und die wir die"Eiserne Jungfrau" nennen. Wir werden mit Esseneinladungen zu den Nachbarn überhäuft, deren Frauen von juckender Ruhelosigkeit umgetrieben sind und ihre Seelen mit der Kunstabteilung der Universität verklebt haben. Meine Tränen gelten uns und noch mehr ihren Ehemännern. Wenn es bisher Zweifel gegeben hat, so können wir jetzt mit Sicherheit sagen, dass diese Menschen den absoluten Tiefpunkt der Zivilisation überall und zu jeder Zeit darstellen und dass hier die Gifte liegen, mit denen sich Weltreiche selbst zerstören.

Mit dem Wetter haben wir Glück. Es hat mehrere milde Frühsommertage gegeben, mit Sonne, Wärme und üppigem Sprießen. Im März rechtfertigt allein das unser Unternehmen und dass die Entfernung alle Probleme und allen Ärger besänftigt hat, so als würden sie nicht in drei Wochen mit ungeminderter Stärke wieder aufflammen. Das gesellschaftliche Herumstreunen genießen wir in großem Maße. Die Erfahrung ist neu, sie öffnet die Augen und ist in Hinsicht auf die Menschen, die wir so streng beurteilen, ein wenig traurig.

Wir gehen auch ins französische Viertel, das wie eine Miniaturausgabe eines Bezirks von Paris ist, mit intensivem Charme auf kleinem Raum, und wo man mit Vergnügen herumspazieren und stöbern kann. Wir haben auch ein bisschen was von den Plantagen gesehen. Wir berichten Euch demnächst davon.

Kate geht vormittags zur Schule, und manchmal wird sie eingeladen, den Nachmittag mit Kindern aus der Schule zu verbringen. Die Leute sind sehr freundlich und höflich.

St [unleserlich] hat gerade angerufen, jetzt fahren wir zum Lunch ins französische Viertel. Warum kommt Ihr nicht auch?

Liebe Grüße von uns,
Mark

Brief an Rosalind Irvine, 9. April 1957

> Whitney Museum of American Art *Artists' Files and Records, 1914-1966*. Künstlerakte Mark Rothko, Mikrofilm Spule N683. Archives of American Art, Smithsonian Institution, Washington, D.C. Irvine war freie Kuratorin des Whitney Museums.

Sonderzustellung
9. April 1957

Miss Rosalind Irvine
Whitney Museum of Art
22 West 54th Street
New York, N.Y.

Sehr geehrte Miss Irvine –
In diesem Brief an Sie beziehe ich mich auf unser gestriges Gespräch.

Einen vollen Monat – seit Mr. Hermon More mit mir gesprochen hat – setze ich mich mit dem Problem auseinander. So gern ich es auch täte, es ist mir unmöglich, Ihrem Komitee ein Bild einzureichen.

Verzeihen Sie bitte, wenn ich damit auf Empfindlichkeiten treffe, denn das ist nicht meine Absicht und für mich der schwierigste Aspekt dieser Entscheidung.

Dennoch, dies ist tief in meinem Denken verwurzelt, und ich muss mich danach richten, im Interesse der Bilder, die ich noch zu malen hoffe.

Mit freundlichen Grüßen
Mark Rothko
104 W. 61st Street (Atelier)

Leserbrief an *Art News Annual*, 1957

Art News, 56, Nr. 8 (Dezember 1958), S. 66, als Antwort auf Elaine de Kooning, „Two Americans in Action: Franz Kline and Mark Rothko", *Art News Annual* (1958), In diesem Artikel werden Kline und Rothko als „Action Painters" beschrieben, ein Attribut, das Rothko absolut zurückwies.

Two Americans in Action

Ich weise den Teil des Artikels zurück, in dem meine Arbeit als „Action Painting" eingeordnet wird. Die Autorin, die selbst Künstlerin ist, muss wissen, dass Einordnen Einbalsamieren ist. Wahre Identität ist mit Schulen und Kategorien nicht zu vereinbaren, außer durch Verstümmelung.

Meine Arbeit als „Action Painting" zu beschreiben, grenzt an Fantasterei. egal welche Abwandlungen und Justierungen bei der Bedeutung des Wortes „Action" vorgenommen werden. „Action Painting" steht der ganzen Erscheinung und dem ganzen Geist meines Werks antithetisch gegenüber. Letzlich muss das Werk der Gebieter sein.

Mark Rothko
New York, N.Y.

Vortrag beim Pratt Institute, November 1958

Rothko Papers. Transkript eines Vortrags von Rothko am Pratt Institute, zu dem auch Fragen aus dem Publikum und Rothkos Antworten gehören. Dore Ashton zufolge, die an der Konferenz teilnahm und im Oktober 1958 den Artikel „Art: Lecture by Rothko" in der *New York Times* veröffentlichte, sprach Rothko bei der Konferenz ohne Vorlage.

Ich habe ziemlich spät im Leben mit dem Malen angefangen, so dass mein Sprachschatz schon lange bestand, bevor sich mein malerisches Vokabular entwickelte und dieser Sprachschatz setzt sich immer noch durch – auch wenn ich über Malerei spreche. Ich möchte gern über das Malen eines Bildes sprechen. Ich war nie der Auffassung, dass das Malen eines Bildes damit zu tun hat, sich selbst auszudrücken. Es ist vielmehr eine an andere gerichtete Kommunikation über die Welt. Nachdem die Welt von dieser Kommunikation überzeugt ist, verändert sich die Welt. Die Welt war nach Picasso oder Miró nie mehr wie vorher. Ihre Sicht der Welt hat unsere Vision der Dinge verändert. Jede Lehre von Selbstausdruck in der Kunst ist ein Fehler; Selbstausdruck hat mit Therapie zu tun. Sich selbst zu kennen, ist wertvoll, damit das Ich aus dem Schaffensprozess herausgehalten werden kann. Ich hebe das hervor, weil die Vorstellung besteht, dass der Prozess des Selbstausdrucks an sich äußerst wertvoll sei. Doch das Hervorbringen eines Kunstwerks ist etwas anderes, und ich spreche von Kunst als einem Handwerk.

Das Rezept für ein Kunstwerk – die Zutaten – wie man es macht – die Formel

1. Es muss eine klare Beschäftigung mit dem Tod geben – Hinweise auf Sterblichkeit ... tragische Kunst, romantische Kunst etc. befassen sich mit dem Wissen vom Tod.
2. Sinnlichkeit. Unsere Grundlage, konkret zu sein, was die Welt betrifft. Es ist ein lustvolles Verhältnis zu Dingen, die existieren.
3. Spannung. Entweder Konflikt oder gezügeltes Verlangen.
4. Ironie. Das ist eine moderne Zutat – die Selbst-Auslöschung und Prüfung, durch die sich ein Mensch für einen Augenblick zu einer anderen Position bewegen kann.

5. Witz und Spiel ... als menschliches Element.
6. Das Vergängliche und Zufall ... als menschliches Element.
7. Hoffnung. Zehn Prozent davon, um das tragische Konzept erträglicher zu machen.

Ich messe diese Zutaten sehr sorgfältig ab, wenn ich ein Bild male. Immer ist es so, dass die Form aus diesen Elementen hervorgeht und das Bild sich aus dem Verhältnis der Zutaten ergibt.

Ich möchte ein wunderbares Buch erwähnen, Kierkegaards *Furcht und Zittern*, das von Abraham handelt, der Isaak als Opfer darbringt. Abrahams Tat war absolut einzigartig. Es gibt andere Beispiele von Opfern: bei den Griechen die Geschichte des Agamemnon (Staat oder Tochter), oder Brutus, der seine beiden Söhne töten ließ. Aber das, was Abraham getan hat, war nicht verstehbar; es gab kein allgemein gültiges Gesetz, das eine solche Tat billigte, wie Abraham sie ausführen musste. Sobald eine Tat von einem einzelnen Menschen ausgeführt wird, erhält sie allgemeine Gültigkeit. So ist es auch mit der Rolle des Künstlers. Ein weiteres Problem, vor dem Abraham stand: Sollte er Sarah davon erzählen? Das Problem der Verschwiegenheit. Manche Künstler wollen alles offen legen, wie bei einer Beichte. Als Handwerker ziehe ich es vor, möglichst wenig zu erzählen. Meine Bilder sind tatsächlich Fassaden (wie sie hin und wieder beschrieben werden). Manchmal öffne ich eine Tür und ein Fenster, manchmal zwei Türen und zwei Fenster. Ich mache das mit Absicht. Es liegt mehr Kraft darin, wenig zu sagen als darin, alles zu sagen. Beim Malen geht es um zweierlei: Um die Einzigartigkeit und die Klarheit des Bildes und darum, wieviel man erzählen muss. Kunst ist ein klug hergestellter Gegenstand aus sieben Zutaten, die so vermengt werden, dass größtmögliche Kraft und Konkretheit entsteht.

Die Frage nach der Zivilisation des Künstlers. Es hat eine Ausbeutung des Primitivismus, des Unterbewussten, des Ursprünglichen gegeben. Das hat sich auf unser Denken ausgewirkt. Die Leute fragen mich, ob ich Zen-Buddhist sei. Das bin ich nicht. Ich interessiere mich nur für diese Zivilisation, für sonst keine. In der Kunst geht es einzig und allein darum, wie man menschliche Werte in dieser ganz spezifischen Zivilisation zeigt.

Ich gehöre einer Generation an, die sich mit der menschlichen Gestalt befasst hat, und ich habe sie gründlich studiert. Mit großem Widerstreben musste ich erkennen, dass sie meine Erfordernisse nicht befriedigte. Wer sie verwendete, versehrte sie. Niemand konnte eine menschliche Gestalt malen, wie sie war, und dabei das Gefühl haben, dass er etwas hervorbrachte, das die Welt ausdrückte. Ich weigere mich, die Dinge zu versehren, und musste andere Ausdrucksmittel finden. Eine Zeitlang benutzte ich die Mythologie und setzte verschiedene Geschöpfe ein, die zu intensiven Gesten fähig waren, ohne dass Peinlichkeit entstand. Ich fing an, morphologische Formen zu benutzen, um Gesten zu malen, die ich Menschen nicht ausführen lassen konnte. Doch das war unbefriedigend.

Meine derzeitigen Bilder befassen sich mit der *Größenordnung* menschlicher Gefühle, mit dem menschlichen Drama, so viel ich davon ausdrücken kann.[39]

Frage: Haben Sie nicht das Gefühl, dass wir einen neuen Beitrag geleistet haben, was Licht und Farbe und Ambiente angeht?
Mark Rothko: Vermutlich haben wir einen solchen Beitrag geleistet, was Licht und Farbe betrifft, aber ich verstehe nicht, was Ambiente bedeutet. Außerdem wurden diese Beiträge im Zusammenhang mit den sieben gemacht. Vielleicht habe ich Farbe und Formen auf eine Art und Weise benutzt, wie Maler das bisher nicht getan haben, aber das war nicht das Ziel. Das Bild hat die Form dessen angenommen, womit ich mich befasst habe. Die Menschen fragen mich, ob ich mich mit Farbe befasst habe. Ja, genau das habe ich, aber ich bin nicht gegen Linien. Ich benutze keine Linien, weil sie mich von der Klarheit dessen, was ich ausdrücken wollte, abgelenkt hätten. Die Form ergibt sich zwangsläufig aus dem, was wir ausdrücken wollen. Wenn man eine neue Sicht auf die Welt hat, muss man neue Wege finden sie auszudrücken.

Frage: Wie treten Witz und Spiel in Ihr Werk?
Mark Rothko: In gewisser Weise sind meine Bilder sehr präzise, aber in ihrer Präzision gibt es einen Schimmer, ein Spiel ... die Ränder sind so gewichtet, dass ein weniger starres, ein spielerisches Element hereintritt.

Frage: Tod?
Mark Rothko: Die tragische Idee des Bildes ist in meinen Gedanken beim Malen immer gegenwärtig, und ich weiß, wann ich sie erreicht habe, aber ich

---

39 Rothkos Statement endet hier. Es folgen Fragen der Zuhörer und Rothkos Antworten.

könnte auf sie zeigen, könnte nicht sagen, wo sie dargestellt ist. Es gibt keine Schädel und Knochen. (Ich male abstrakt.)

Frage: Die Philosophie?
Mark Rothko: Wenn man eine philosophische Neigung hat, stellt man schnell fest, dass man über fast alle Bilder in philosophischen Begriffen sprechen kann.

Frage: Sollten die Jungen nicht versuchen, alles auszudrücken ... eine Frage der Beherrschung?
Mark Rothko: Ich glaube nicht, dass die Frage der Beherrschung eine Sache von Jugend oder Alter ist. Es ist eine Frage der Entscheidung. Die Frage ist ja: Gibt es etwas zu beherrschen? Ich glaube nicht, dass ein freieres, wilderes Gemälde für einen jungen Menschen natürlicher ist als für einen alten, ergrauten. Es ist keine Frage des Alters, sondern eine Frage der Entscheidung. Das hat mit Mode zu tun. Heute geht man davon aus, dass ein Maler besser wird, wenn er freier ist. Aber das hat mit Mode zu tun.

Frage: Selbstausdruck ... Kommunikation gegenüber Ausdruck. Können die beiden nicht in Einklang gebracht werden? Persönliche Botschaft und Selbstausdruck?
Mark Rothko: Eine persönliche Botschaft zu haben, bedeutete, dass man selbstständig nachgedacht hat. Das ist etwas anderes als Selbstausdruck. Man kann etwas über sich selbst mitteilen. Ich ziehe es vor, eine Sicht der Welt mitzuteilen, die nicht nur mit mir selbst zu tun hat. Selbstausdruck ist langweilig: Ich will über nichts sprechen, was außerhalb von mir selbst liegt – ein großes Feld von Erfahrung.

Frage: Können Sie definieren, was Abstrakter Expressionismus ist?
Mark Rothko: Ich habe nie eine Definition gelesen, und bis heute weiß ich nicht, was es bedeutet. Vor kurzem wurde ich in einem Artikel als „Action Painter" bezeichnet. Das verstehe ich nicht, und ich glaube nicht, dass meine Arbeit etwas mit Expressionismus zu tun hat, ob abstrakt oder sonst etwas. Ich bin ein Anti-Expressionist.

Frage: Große Bilder?
Mark Rothko: Gewohnheit oder Mode. Oft sehe ich große Bilder, deren

Bedeutung ich nicht verstehe. Angesichts der Tatsache, dass ich einer der ersten dieser Verbrecher war, die große Bilder gemalt haben, fand ich das dienlich. Da ich mich mit dem menschlichen Element befasse, möchte ich einen Zustand der Vertrautheit schaffen – eine unmittelbare Transaktion. Große Bilder nehmen den Betrachter in sich auf. Maßstab ist von enormer Bedeutung für mich – der menschliche Maßstab. Gefühle haben unterschiedliche Gewichtung; mir ist die Gewichtung von Mozart lieber als die von Beethoven, weil Mozart Witz und Ironie hat, und ich mag seinen Maßstab. Beethoven hat Bauernwitz. Wie kann ein Mensch gewichtig sein, ohne heroisch zu sein? Das ist mein Problem. Meine Bilder haben mit diesen menschlichen Werten zu tun. Darüber denke ich fortwährend nach. Als ich nach Europa kam und die alten Meister sah, stand ich vor der Frage der Glaubhaftigkeit. Würde Christus am Kreuz, wenn er die Augen öffnete, den Betrachtern glauben? Ich glaube, dass ab der Renaissance kleine Bilder wie Romane sind, die großen Bilder sind Dramen, an denen man unmittelbar teilnimmt. Unterschiedliche Themen machen andere Mittel erforderlich.

Frage: Wie können Sie menschliche Werte ohne Selbstausdruck darstellen?
Mark Rothko: Selbstausdruck führt oft zu menschlichen Werten. Oft verwechselt man Selbstausdruck mit Gefühlen von Gewalt. Vielleicht ist das Wort Selbst-Ausdruck nicht klar. Jeder, der eine Aussage über die Welt macht, muss sich mit Selbstausdruck befassen, doch nicht indem man Willen, Intelligenz oder Zivilisation abstreift. Meine Betonung liegt auf Absichtlichkeit. Wahrheit muss das Ich, das sehr irreführend sein kann, abstreifen.

Brief an Ida Kohlmeyer, ca. 1958

Archives of American Art, Smithsonian Institution. Ida Kohlmeyer (1912–1997), Malerin und Bildhauerin, lernte Rothko kennen, als er als „Visiting Artist" an der Newcomb Art School, Tulane University, New Orleans war. Während ihrer Zeit in Tulane lebten die Rothkos in Metairie, einem Vorort von New Orleans. Offenbar mieteten sie ein Haus von Ida Kohlmeyer.

Liebe Kohlmeyers,
Beiliegend ein Scheck über $ 130, von denen fünf Dollar für die Ferngespräche sind, und der Rest, so wie wir die Vereinbarung verstanden haben, für Miete. Wenn wir noch andere Sachen abrechnen müssen, sagen Sie es uns bitte. Noch einmal vielen Dank dafür, dass Sie uns das Haus überlassen haben.

    Mark Rothko

Brief an Herbert Ferber und Bernard Reis, 11. Juni 1959

> *Herbert Ferber Papers,* 1932–1987, Privatkorrespondenz, Mikrofilm Spule N69/133. Archives of American Art, Smithsonian Institution, Washington, D.C.

Mark und Mary Alice Rothko
102 West 54th Street, New York, N.Y.
11. Juni 1959

Mr. und Mrs. Herbert Ferber
454 Riverside Drive, New York, N,Y,

Mr. Bernard J. Reis [40]
252 East 68th Street, New York 21, N.Y.

Liebe Freunde –
Wir haben soeben unsere Testamente gemacht, wonach Ihr im Falle unseres Todes und dem unserer Tochter Kate zu Vollstreckern eingesetzt seid. Unser Nachlass soll gemäß der Testamente aufgeteilt werden. Der Hauptanteil des Nachlasses besteht natürlich aus den Bildern, und es ist unser Wunsch, dass sie wie folgt verkauft werden:

---

40 Bernard Reis war Kunstsammler und als Berater für Peggy Guggenheim tätig. Er hatte das Surrealist Journal mitfinanziert, bei dem er auch Schatzmeister war. Rothko lernte ihn 1948 bei der Gründung der Schule The Subject of the Artist kennen. 1958 traf Rothko mit Reis eine Vereinbarung, wonach Reis ihn bei Verhandlungen mit dem Galeristen Sydney Janis vertreten sollte. Als Marcus Rothkowitz 1959 seinen Namen offiziell in Mark Rothko umwandelte, war Reis Rothkos juristischer Berater. Anfang der 60er Jahre wurde Reis Rothkos finanzieller Berater und Buchhalter sowie sein Anwalt. Er half Rothko bei den Verhandlungen mit der Familie de Menil und der Marlborough Gallery. Im September 1968 setzte Reis Rothkos Testament auf. In dem 1968 unterzeichneten Testament wurde Reis (zusammen mit Theodoros Stamos und Morton Levine) im Falle des Todes von Rothko und seiner Frau Mell zum Vollstrecker des Rothko-Nachlasses bestellt. Außerdem wurde Reis zu einem von sechs Direktoren der Mark Rothko Foundation ernannt. Nach Rothkos Selbstmord hinterging Reis den Maler und dessen Erben, indem er einige Werke Rothkos an die Marlborough Galery verkaufte, für die er als Buchhalter tätig war.)

a) Das Museum oder der Einzelkäufer, das oder der die größte Anzahl erwerben will, so dass sie zusammen an einem Ort bleiben, soll Vorrang haben;
b) an Museen außerhalb von New York City und in Europa, die mindestens sechs Bilder kaufen wollen;
c) an Museen oder Einzelpersonen, die mindestens drei Bilder erwerben wollen;
d) die obenstehenden Bedingungen sollen für einen Zeitraum von fünf Jahren eingehalten werden.

Mit Dank verbleibe ich
mit freundlichen Grüßen
Mark Rothko
Mary Alice Rothko

Brief an Elise Asher und Stanley Kunitz, Juli 1959

Elise Asher Papers, 1932–1994, Serie 2: Briefe, 1941–1988, Box 1, Mikrofilm Spule 4938. Archives of American Art, Smithsonian Institution, Washington, D.C. Elise Asher (1912–2004) war Malerin und mit dem Dichter Stanley Kunitz verheiratet.

Meine Lieben –
Ich schreibe dies im Jardin de Luxembourg und trinke dabei ein Bier, während Mell und Kate beim Marionetten-Theater zuschauen. Heute morgen St. Chapelle und Notre Dame. Und wir wohnen am Quai Voltaire mit Blick über die Seine und den Louvre. Ihr seht also: alles ist so, wie es sein sollte.

In Venedig erhielten wir Euren rosa Brief, der unseren Tag erleuchtete wie die Wunder der Kirchenfenster um uns herum. In Venedig haben wir San Marco, P. Guggenheim, Gregory Corso und John Meyers gesehen. Und am Abend sind wir in einer Gondel hinter dem Musikdampfer auf dem Canal Grande auf und ab gefahren.

Und all das ist entspannend und sehr unwirklich.

Was ich sagen möchte, ist, dass wir Euch vermissen und an Euch denken, wie Ihr Euch um Euren Garten, Eure Gedichte und Eure Bilder kümmert. Der zweite Monat unserer Reise ist nun angebrochen, und wir sehen Euch bald wieder.

Mark

Liebe Grüße von uns an die Bultmans, an Franz und Betsy, von Bill de Kooning hier keine Spur.

Mark und Mell Rothko, New York, Frühjahr 1962, Foto: Kurt Blum

Brief an Milton Avery, 1960

Milton Avery Papers, 1927–1982, Mikrofilm Spule N69-63. Archives of American Art, Smithsonian Institution, Washington, D.C.

102 W 54

Lieber Milton,
Ich weiß nicht, was Du von Fan-Post hältst, aber da Du nicht hier bist, muss ich Dir schreiben und wieder einmal sagen, was für ein großartiger Künstler Du bist.

    Ich hoffe, es geht Dir prächtig und dass Ihr, Du und Sally, eine wundervolle Zeit habt.

    Mark

Karteikarten, ca. 1950–1960

Bei Rothkos Papieren liegen ein Dutzend Karteikarten. Fünf sind hier aufgenommen, in denen die Gedanken am ausgereiftesten scheinen.

Farbe
Zusatz zu erlebter Farbe und erlebtem Raum

Wenn die Farbe aus dem Farbtopf heraus ist, wird sie in der Welt menschlicher Handlungen gesehen, im Verhältnis zu der Zeit und dem Ereignis des Tages und mit den Augen desjenigen, für den sich die Zeit und die Ereignisse abspielen.

Ich verwende Farben, die schon durch das Tageslicht und durch die Sinnesstadien des gesamten Menschen erfahren worden sind. Anders gesagt, meine Farben sind nicht wie Werkzeuge aus dem Labor, fern aller Zufälle und Unreinheiten, so dass sie eine festgelegte Identität oder Reinheit hätten.

„Wenn ich sage ..."
Wenn ich sage, dass meine Gemälde westlich sind, dann meine ich damit, dass sie die Konkretmachung nur solcher Zustände anstreben, die innerhalb der Grenzen westlicher Vernunft liegen, ohne alle esoterischen, außersinnlichen oder göttlichen Attribute, wie sie durch Gebet oder Schrecken erreicht werden können. Wer behaupten kann, dass diese Grenzen überschritten werden, gibt selbstauferlegte Grenzen in Bezug auf die dehnbaren Grenzen der Fantasie innerhalb dieses Rahmens zu erkennen. Anders gesagt gibt es in den Bildern keine Sehnsucht nach dem Paradies oder nach Prophezeiung. Ganz im Gegenteil befassen sie sich zutiefst mit den Möglichkeiten normaler Menschlichkeit.

Raum
Von diesem Standpunkt, das heißt von der weitesten und konkretesten Bedeutung, die solche Begriffe in nicht spezialisiertem Gebrauch für uns haben, also in der gröbsten und allgemeinsten Verwendung in der Umgangssprache (und mir scheint, dass die Wörter nur in der Umgangssprache ihre wahre Bedeutung haben) ist der Begriff Raum richtig.

Doch was meine Bilder angeht oder vielmehr was die Begriffe des bildlichen Raums angeht, so scheint mir der Begriff ungenau und irreführend. Denn die Bedeutung, die der Begriff in der Diskussion über Bilder hat, ist der eines Mediums, das entweder realistisch oder symbolisch angedeutet wird, innerhalb dessen das Drama von Ausmaß oder Bewegung oder beidem stattfindet.

Bildung
Bildung befasst sich nicht mit den Dingen, wie sie wirklich sind. Bildung ist nicht nur eine Darreichung dessen, was nach Ansicht des Erziehers gewusst werden soll, sondern auch auf die Entscheidung, in welchen Kategorien, in welchem Kontext und zu welchem gesellschaftlichen Zweck sie gewusst werden sollen. All das steht der Kunst antagonistisch gegenüber, deren Ziel es stets ist, die Betrachtung der Welt in Ausschnitten und Kategorien abzulehnen und die Sicht auf den ganzen Menschen wieder herzustellen.

Apollo
Apollo mag der Gott der Bildhauerei sein. Aber in weiterer Hinsicht ist er auch der Gott des Lichts, und in dem Moment, da der Glanz hervorbricht, ist nicht nur alles erleuchtet, sondern alles wird auch mit zunehmender Intensität überblendet. Das ist das Geheimnis, das ich mir zunutze mache, um in einem Ausbruch von Licht das Dionysische zu fassen.

Brief an die Whitechapel Gallery, 1961

Whitechapel Art Gallery Archive, London.

Vorschläge von Mr. Rothkos hinsichtlich der Hängung seiner Bilder in der Whitechapel Gallery 1961

Wandfarbe: Das Weiß der Wände sollte sichtbar gebrochen sein, mit Umbra und gewärmt durch ein wenig Rot. Wenn die Wände zu weiß sind, kämpfen sie immer mit den Bildern, und bekommen aufgrund des vorherrschenden Rots einen Stich ins Grünliche.

Beleuchtung: Das Licht, ob natürlich oder künstlich, sollte nicht zu stark sein; die Bilder haben ihr eigenes inneres Licht, und wenn es zu hell ist, wird die Farbe in den Bildern ausgewaschen und ihr Aussehen entstellt. Idealerweise würde man sie in einem normal beleuchteten Raum hängen – so sind sie auch gemalt worden. Sie sollten nicht übermäßig beleuchtet oder durch Scheinwerfer romantisiert werden, denn das führt zu einer Verzerrung ihrer Bedeutung. Entweder sollten sie aus einer großen Entfernung beleuchtet werden oder indirekt, indem das Licht an die Decke oder auf den Boden gerichtet wird. Vor allem sollte das ganze Bild gleichmäßig und nicht zu stark beleuchtet werden.

Abstand vom Fußboden: Die großen Bilder sollen alle so dicht wie möglich über dem Boden gehängt werden, idealerweise nicht mehr als fünfzehn Zentimeter vom Boden. Die kleineren Bilder sollten höher gehängt werden, aber nicht in den Himmel, also zur Decke hin. Auch hier entspricht das der Art und Weise, wie die Bilder gemalt wurden. Wenn das nicht beachtet wird, werden die Proportionen des Rechtecks verzerrt und das Bild verändert sich.

Ausnahmen sind die unten aufgeführten Bilder, die als Wandgemälde gemalt wurden und tatsächlich in größerer Höhe gehängt werden sollten:

  1. *Sketch for Mural, No 1, 1958*
  2. *Mural Sections 2, 3, 4, 5 and 7, 1958-9*

3. *White and Black on Wine,* 1958

Die Wandgemälde wurden in einer Höhe von 1,35 m über dem Boden gemalt. Vielleicht ist es nicht möglich, sie so hoch zu hängen, aber wenn sie über 90 cm hoch gehängt werden könnten, würden sie dadurch gewinnen und ihre Wirkung wäre erhöht.

Gruppierung: In der Ausstellung im Museum of Modern Art wurden alle Bilder vom frühesten Bild aus dem Jahr 1949 zusammen als Einheit gehängt, die Aquarelle getrennt von den anderen. Die Wandgemälde wurden alle zusammen als zweite Gruppe gezeigt. Die einzige Ausnahme in dieser Gruppe der Wandgemälde ist das Bild, das Mr. Rubin gehört, *White and Black on Wine* von 1958, das in diese Gruppe aufgenommen werden kann, aber höher gehängt werden sollte, da es ein Übergangsbild zwischen den frühen Bildern aus jenem Jahr und der Serie der Wandgemälde ist. Bei den restlichen Bildern ist es am besten, nicht an einer chronologischen Ordnung festzuhalten, sondern sie so anzuordnen, dass sie die beste Wirkung aufeinander haben. Im MoMA zum Beispiel wurden die helleren Bilder – Gelb, Orange etc. – zusammen gezeigt, was ihrer Wirkung sehr entgegenkam.

Wenn Sie die Hängung planen, könnte es Sie interessieren, dass drei Wandgemälde (*Mural Section No 3,* 1959, in der Mitte, *Mural Section No 5* und *Mural Section No 7,* jeweils an flankierenden Wänden) in unserem Museum in einem eigenen Raum gezeigt wurden. Die Maße des Raums betragen 5,40 x 6,60 Meter, Proportionen, die Rothko für sehr geeignet hielt und die hervorragend zeigen, wie die Wandgemälde wirken sollen. Wenn ein ähnlicher Raum geplant werden könnte, so wäre das sehr wünschenswert.

Mark Rothko ca. 1961 vor *No. 7,* (1960), Fotograf unbekannt

Ein Gespräch mit Mark Rothko, 1961

Yorkshire Post, Leeds, 11. Oktober 1961

Mark Rothko sieht nicht wie ein Künstler aus. Bei der Vernissage seiner Ausstellung in der Whitechapel Art Gallery trug er einen nüchternen dunklen Anzug.

Er mochte nicht über sich selbst oder seine Arbeiten sprechen. „Sie sehen die Bilder. Sehen Sie sich die Bilder an und denken Sie darüber nach. Das ist das, was mich interessiert." Er ist Amerikaner.

Auf die Frage, was er über unsere Künstler denkt, sagte er: „Ich denke nicht in nationalen Begriffen. Ich sehe die Menschen. Von dem wenigen, was ich hier gesehen habe, würde ich sagen, dass Ihre Künstler sehr lebendig und unverzichtbar sind. Aber ich möchte solche Fragen nicht beantworten."

Er deutete an, dass er in seiner Entwicklung von figurativer zu abstrakter Malerei übergegangen sei, aus dem Bedürfnis, frische und aufregendere Bereiche zu erkunden. Er sagte, er sei zehn Jahre älter als der verstorbene Pollock und habe ihn gut gekannt. Er rauchte unablässig amerikanische Filterzigaretten.

General Sir Brian Horrocks war bei der Vernissage zugegen. Haben ihm die Bilder gefallen? „Ich finde sie großartig, ganz wunderbar."

Brief an Herbert Ferber, 1962

Archives of American Art, Smithsonian Institution

Lieber Herbert –

Ilse hat mir gesagt, wenn ich gleich schreibe, erreicht Dich mein Brief vielleicht noch in Paris. Deshalb will ich Dir schnell erzählen, dass wir Dir auf Deiner Reise und bei Deinen Abenteuern gefolgt sind, indem wir die Stückchen, die Du geschrieben hast, zusammengesetzt haben. Ich hoffe, dass inzwischen etwas Entscheidendes passiert ist.

Meine Ausstellung wird nach den neusten Berichten am 5. Dezember eröffnet[41], wenn Du vermutlich schon in England sein wirst. Aber sprich doch mit Porter McCray[42], der sich vielleicht nach einem Gesicht wie Deinem sehnt und der alle und jeden kennt und hilfreich sein könnte. Seine Adresse: Hotel Vendôme, Nr. 1 Place Vendôme.

Hier geht die Plackerei weiter. Ein paar neue Bilder. Harvard kommt zu einem erfreulichen Abschluss[43], Bobs Ausstellung wird am Dienstag eröffnet, danach Party (komm doch auch). Das Wetter ist traumhaft, und über allem hängt der Schatten meiner [unleserlich] und anderer Sachen.

Ilse geht es wohl gut, sie war ein paar mal hier bei uns und hat im Allgemeinen viel zu tun.

Ich als Anglophile wünschte mir, ich könnte über den Kanal hüpfen. Vergiss nicht [unleserlich] bei der Botschaft, richte ihm und allen unseren Freunden meine Grüße aus.

Und viel Glück bei Deinem Vorhaben,
Mark

---

41 *Mark Rothko (48 Bilder)*, ausgewählt von Peter Selz. Paris, Musée d'Art Moderne de la Ville de Paris, 5. Dezember 1962 – 13. Januar 1963. Die Ausstellung wurde ursprünglich 1961 im MoMA gezeigt, anschließend in England, den Niederlanden, Belgien, der Schweiz, Italien und schließlich Frankreich.
42 Porter McCray (1908-2001) war der erste Direktor des internationalen Programms am Museum of Modern Art, von 1952 bis 1961.
43 Rothko bezieht sich auf die Wandgemälde für Harvard, die von Wasily Leontif, Präsident der Harvard Soviety of Fellows, in Auftrag gegeben wurden. Rothko hatte ihn über Ferber kennengelernt. Ende 1961 hatte Rothko mit der Arbeit an den Bildern angefangen.

Zum Gedenken an Milton Avery, 7. Januar 1965

Milton Avery Papers, 1927–1982, Mikrofilm Spule N69-63. Archives of American Art, Smithsonian Institution, Washington, D.C. Rothko verlas die Würdigung auf Avery bei dessen Trauerfeier in der New York Society for Ethical Culture.

Ich möchte ein paar Worte über die Bedeutung von Milton Avery sagen. Die Überzeugung, etwas Bedeutendes mitzuerleben, das Gefühl, in der Gegenwart großer Ereignisse zu sein, stellte sich unmittelbar ein, wenn man seiner Arbeit gegenüber trat. So ging es vielen von uns, die wir jünger waren, auf der Suche, Ausschau haltend nach einem Anker. Diese Überzeugung hat nie nachgelassen. Sie hatte Bestand, und sie wurde im Laufe der Jahrzehnte und der flüchtigen Modeerscheinungen bekräftigt.

Es lässt sich kaum in Worte fassen, was es uns in den frühen Jahre bedeutete, dass wir in dem unvergesslichen Atelier am Broadway, Ecke 72nd Street und Columbus Avenue, freundlich aufgenommen wurden. Dort waren wir sowohl Thema seiner Bilder als auch sein ihn verehrendes Publikum. Die Wände waren immer mit einem endlosen und wechselnden Spektrum von Poesie und Licht bedeckt.

Die Schulung, das Beispiel, die körperliche Nähe dieses wunderbaren Mannes – all dies war bedeutsam, und ich werde es nie vergessen.

Avery ist in erster Linie ein großer Dichter. Seine Dichtung ist von purer Anmut, von purer Schönheit. Ihm ist es zu danken, dass diese Art von Dichtung in unserer Zeit überleben kann.

Das allein bedurfte außergewöhnlichen Mutes inmitten einer Generation, die glaubte, sich nur durch Lautstärke, durch Kraft und Machtdemonstrationen Gehör verschaffen zu können. Aber Avery hatte eine innere Stärke, bei der sich Sanftheit und Stille als hörbarer und ergreifender erwiesen.

Von Anfang an gab es nichts Zaghaftes an Avery. Ihm waren immer die Natürlichkeit, die Genauigkeit und die selbstverständliche Vollständigkeit zu eigen, die nur denjenigen möglich ist, die mit magischen Mitteln begabt sind, denjenigen, die dazu geboren sind, Zeichen zu setzen.

In unserer Generation hat es noch andere gegeben, die die Welt um sie herum gefeiert haben, doch niemand mit dieser Selbstverständlichkeit, bei der die Poesie jede Pore der Leinwand, bis zum letzten Pinselstrich, durchdrang. Denn Avery war ein großer Dichter-Erfinder, von bis dahin ungehört und ungesehenen Klangfarben. Von diesen haben wir viel gelernt und werden noch mehr lernen, in der vor uns liegenden Zeit.

Was war Averys Repertoire? Sein Wohnzimmer am Central Park, seine Frau Sally, seine Tochter March; die Strände und Berge, wo sie die Sommer verbrachten; die Kühe, die Fischköpfe, der Vogelflug; die Freunde und welche Welt auch immer durch sein Atelier streunte – ein häusliches, ein unheldenhaftes Ensemble. Doch daraus hat er großartige Bilder geschaffen, die, weit über die beiläufige und vergängliche Bedeutung der Themen hinaus, von einer fesselnden Poesie sind und oft die Dauerhaftigkeit und Monumentalität Ägyptens erreichen.

Ich traure um den großen Mann, den wir verloren haben. Ich erfreue mich an dem, was er uns hinterlassen hat.

Brief an Bernard Reis, 1966

Bernard J. Reis Papers, 1934–1979. Archives of American Art, Smithsonian Institution, Washington, D.C.

Montag, 8.

Lieber Bernard, liebe Becky –
Unsere Ferien sind fast vorüber, und unser Schiff geht am Mittwoch. Wir kommen am Dienstag, dem 16., um sechs Uhr morgens an. Ich bezweifle, dass jemand von der Bank um diese Zeit da sein wird.

London war regnerisch und mein Eindruck von der Tate zweifelhaft. Das Museum ist ein Müllplatz geworden.

Mir gefällt unser MoMA. Darüber würde ich gern mit Dir sprechen. Die Erinnerungen an Italien sind berauschend. Wir freuen uns auf ein Essen mit Euch in Eurem Garten.

Liebe Grüße an Euch beide
Mark

Brief an Norman Reid, 1966

> *Bernard J. Reis Papers,* 1934–1979. Archives of American Art, Smithsonian Institution, Washington, D.C. Rothko schrieb den Brief an Reid, der damals Direktor der Tate Gallery war, nach seinem Besuch in London im Jahr 1966. Ende der 60er Jahre schenkte Rothko der Tate eine Gruppe seiner Bilder, die dauerhaft in einem Saal des Museums ausgestellt werden sollten. Im Mai 1970 wurde der Rothko Room in der Tate Gallery, London, eröffnet.

Sehr geehrter Norman Reid –

Mein Besuch in England hatte den einen Zweck, mit Ihnen im Detail und an Ort und Stelle die Schenkung einiger meiner Bilder an die Tate und die Bedingungen dafür zu besprechen. Darauf hatten wir uns in unseren Gesprächen in New York und in dem Briefwechsel zwischen uns geeinigt. Und deswegen hatte ich die Reise nach London mit erheblichen Kosten und Mühen auf mich genommen.

Da Sie meine Anwesenheit in London mit völliger persönlicher Missachtung bedacht haben und es außerdem versäumt haben, eine angemessene Gelegenheit für diese Gespräche zu schaffen, stellt sich mir die folgende Frage: War dies einfach eine typische Demonstration traditioneller englischer Gastfreundschaft, oder wollten Sie mir auf diese Weise zu verstehen geben, dass Sie an diesen Verhandlungen nicht mehr interessiert sind?

Das würde ich wirklich gern wissen.

Hochachtungsvoll
Mark Rothko

Brief an Herbert Ferber, 7. Juli 1967

Herbert Ferber Papers, 1932–1987, Privatkorrespondenz, Mikrofilm Spule N69/133. Archives of American Art, Smithsonian Institution, Washington D.C. Im Sommer 1967 unterrichte Rothko auf Empfehlung von Peter Selz an der University of California in Berkeley. Dort lernte er Brian O'Doherty und Barbara Novak kennen, beide Professoren. Aus Berkeley schrieb er auf Briefbögen der Universität zwei Briefe an Herbert Ferber und einen an Kunitz und Asher.

852 Arlington Avenue
Berkeley, California
7. Juli 1967

Lieber Herbert –
Inzwischen wirst Du längst auf dem Wege der Besserung sein. Ich wünsche Dir dabei überirdische Geschwindigkeit und hoffe, dass Du Dich damit vergnügst, zu lesen und ordentlich Krach zu schlagen..

Wie Du am Briefkopf sehen kannst, habe ich mich jetzt in meinem eigenen Büro eingenistet und sitze auf dem Stuhl des Sterling Professors, auf dem einst Dwight Eisenhower gesessen hat. Bisher habe ich noch keinen einzigen Studenten gesehen, obwohl ich täglich im Büro bin, um dem Krawall zu Hause zu entgehen.

Wenn Du die Arbeitsräume sehen könntest, die in diesem riesigen Kartell für Bildhauer bereitgestellt werden, würdest Du sofort aus dem Bett springen und Dich hier für den Rest Deines Lebens einnisten. Auf buchstäblich mehreren tausend Quadratmetern stehen Schmelzöfen, Keramiköfen, Flaschenzüge, Kräne, Drehbänke, Blechschneidevorrichtungen, Karbon [unleserlich], automatische Formmaschinen und Hunderte anderer Maschinen und Apparate, die ich nicht benennen kann.

Ich habe mit einigen jungen Bildhauern gesprochen, die hier unterrichteten, und sie räumten ein, dass sie nach Verlassen der Universität, eine Gemeinschaftswerkstatt gründen müssten, da sich niemand privat so ausrüsten könne, nachdem er Zugang zu dieser Ausstattung gehabt habe. Ich beschrieb ihm, wie Du mit Deinen Metallskulpturen in einem Raum angefangen hast und der Wohnbereich mit Hilfe einer Holztheke vom Atelier getrennt war.

Stell Dir die Frechheit vor, ich soll zwölf Studenten unterrichten, sechs davon Bildhauer, ich werde mich nach Kräften bemühen, die Konkurrenz zwischen ihnen zu zerstören.

Wir haben Glück mit dem Wetter. Wir haben eine Villa mit einem riesigen Landschaftsgarten und einem Flügel oben in den Hügeln von Berkeley gemietet. Es ist ein entzückendes Haus. Außerdem haben wir zwei Meilen von unserem Haus entfernt einen See entdeckt, wohin wir zum Schwimmen gehen, statt ins Schwimmbad der Universität, denn für mich sind Gespräche mit Akademikern eine große Mühe, jedoch keine Liebesmühe. Wir haben ein Auto von der Universität und heuern einen Studenten an, der uns fährt. Alles in allem eine schöne Abwechslung.

Werd schnell wieder gesund, sei nicht trübsinnig,
und wir alle schicken Dir & Edith liebe Grüße
Mark

Brief an Herbert Ferber, 19. Juli 1967

Herbert Ferber Papers, 1932–1987, Privatkorrespondenz, Mikrofilm Spule N69/133. Archives of American Art, Smithsonian Institution, Washington D.C.

19. Juli 1967

Lieber Herbert, liebe Edith –

Ich fände es richtig gut, wenn Du, Edith, Herbert dazu bewegen könntest, Dir einen medizinischen Bericht und seine Beobachtungen, wie die Welt von seinem armseligen Krankenhausbett aussieht, zu diktieren.

Gestern Abend sind die Selzes, die O'Dohertys und wir in eine Oben-ohne-Bar gegangen. Es war so großartig, Du wärst aus dem Bett gesprungen und wärst geradewegs hierher gekommen.

Ansonsten sind wir ziemlich zurückgezogen von der Welt, abgesehen von Briefen aus Yonkers; aus Boulder, wo sie nicht sehr glücklich zu sein scheinen, und von Reinhardt aus Rom, der seinen eigenen überwältigenden Blick auf die Ruinen hat, haben wir nichts gehört.

Letzte Woche habe ich ein Seminar unterrichtet. Bei dem Seminar hat man mir klar zu verstehen gegeben, dass weder das Tempo noch die Werte unserer Jugend auf die heutige Jugend zutreffen. Aber die meiste Zeit verbringe ich damit, die Studenten in ihren Ateliers zu besuchen, und da sind sie sanftmütig, freundlich, intelligent und willig zuzuhören. Doch vor allem wollen sie, glaube ich, über sich selbst sprechen und sind dankbar, wenn man zuhört.

Das ist das, was ich an dieser Episode schätze, denn in New York habe ich keine Möglichkeit gefunden, mit jungen Leuten einen so erhellenden Kontakt zu haben.

Unser Haus ist schön, und uns allen geht es in unseren unterschiedlichen Umständen gut. Erzählt uns doch, wie es Euch geht.

Mark

Brief an Elise Asher und Stanley Kunitz, 1967

Elise Asher Papers, 1923–1994. Archives of American Art, Smithsonian Institution, Washington, D.C.

Liebe Asher, lieber Kunitz –
Einfach, um Euch zu sagen, dass wir an Euch denken, als erstes an Euch, dann an Eure Bilder und Gedichte, dann an Euren herrlichen Garten und die wunderschöne Bucht.

Wir haben ein herrliches Haus gemietet, aber ich vermisse Gesichter. Ich glaube, seit wir hier wohnen, ist kein Mensch zu Fuß an unserem Haus vorbeigegangen.

Für meine Studenten hier bin ich ein alter Mann mit Werten, die der Vergangenheit angehören. Doch die meiste Zeit besuche ich die Studenten in ihren Ateliers, und dann sind sie voller Respekt und unerwarteter Sanftmut, und der Bedrohung von Vietnam sichtbar über ihnen.

Wir kommen am 15. August zurück und werden Euch bis zu Eurer Rückkehr vermissen.

Dies ist eine Abwechslung, und insgesamt genießen wir sie.
Liebe Grüße,
Mark

Annahme der Ehrendoktorwürde von der Yale University, 1969

> *Bernard J. Reis Papers,* 1934–1979. Archives of American Art, Smithsonian Institution, Washington, D.C. Die Begründung der Universität lautete: „Als einer der wenigen Künstler, die zu den Begründern einer neuen Schule der amerikanischen Malerei gezählt werden können, haben Sie sich einen dauerhaften Platz in der Kunst dieses Jahrhunderts erworben. Ihre Gemälde zeichnen sich durch Einfachheit der Form und überwältigende Farben aus. In ihnen erreichen Sie eine visuelle und spirituelle Erhabenheit, die in dem tragischen Strang aller menschlichen Existenz begründet liegt. In Bewunderung des Einflusses, den Sie auf viele junge Künstler in der ganzen Welt haben, verleiht die Universität von Yale Ihnen die Würde eines Doktors in den bildenden Künsten."

Ich möchte der Universität und dem Auszeichnungskomitee für die Ehre danken, die mir zu verleihen, Sie entschieden haben. Sie müssen mir glauben, dass die Annahme einer solchen Ehre ebenso schwierig ist wie die Entscheidung, wem sie verliehen werden soll.

Als ich ein junger Mann war, war die Kunst ein einsames Metier: Keine Galerien, keine Sammler, keine Kritiker, kein Geld. Dennoch war es ein goldenes Zeitalter, denn damals hatten wir nichts zu verlieren und eine Vision zu gewinnen. Heute ist das nicht mehr so. Heute gibt es jede Menge Gerede, Aktivitäten, Konsum. Auf die Frage, welcher Zustand für die Welt im Großen und Ganzen der bessere ist, möchte ich hier nicht eingehen. Aber ich weiß, dass viele, die zu diesem Leben getrieben sind, verzweifelt nach Nischen der Stille suchen, wo sie wurzeln und wachsen können. Wir müssen alle hoffen, dass sie diese finden.

John Fischer, Im Lehnstuhl: Mark Rothko, Porträt des Künstlers als zorniger Mann, 1970

Harper's, Juli 1970, S. 16–23. Der Schriftsteller John Hurt Fischer lernte Rothko auf einer Europareise im Frühjahr 1959 kennen. Von seinen Gesprächen mit Rothko machte er sich Notizen, die erst 1970 veröffentlicht wurden.

Im Frühjahr 1959 war Mark Rothko berühmt, aber noch nicht reich. Außerdem war er müde nach acht Monaten harter Arbeit – täglich von neun bis fünf – an einer Reihe von Wandgemälden, seinem bis dahin größten Auftrag. Er war nicht damit zufrieden, wie die Arbeit lief, und im Juni nahm er sich davon frei; er wünschte sich Erholung und einen Ortswechsel. Mit seiner Frau und seiner achtjährigen Tochter brach er nach Neapel auf und buchte eine Passage in der Touristenklasse auf der USS Constitution.

Am ersten Abend, nachdem wir New York verlassen hatten, kam er nach dem Abendessen in die Bar auf der Suche nach jemandem, mit dem sich unterhalten konnte.

Sich zu unterhalten war für ihn, wie ich später feststellte, so notwendig wie zu atmen. Der Zufall wollte es, dass ich der einzige andere Passagier in der Bar war. Alle anderen waren in der Lounge bei einem geselligen Beisammensein an Bord, etwas, das ich schon seit langem mied. Rothko spähte durch seine dicken Brillengläser in die Bar und schlenderte dann mit seinem typischen elefantenartigen Gang zu meinem Tisch. Er stellte sich vor und begann ein Gespräch, das – mit Unterbrechungen und langen Pausen dazwischen – andauerte, bis er sich letzten Februar das Leben nahm. Als er starb, hatte ich ihn seit mehreren Jahren nicht gesehen, aber ich hatte es als selbstverständlich betrachtet, dass wir uns eines Tages, schon bald, wiedersehen würden und dass er den Faden des Gesprächs da wieder aufnehmen würde, wo er ihn fallengelassen hatten. Die Nachricht von seinem Tod vermittelte mir deshalb ein besonders starkes Gefühl von Verlust, als wäre eine fesselnde Geschichte mittendrin abgebrochen worden und würde nun nie mehr zu einem Abschluss gebracht.

In diesen ersten Minuten in der Schiffsbar versuchte Rothko herauszubekommen, ob ich etwas über die Kunstszene wusste. Nachdem er sich vergewissert hatte, dass das nicht der Fall war – dass ich überhaupt niemanden von den bekannten Malern, Kritikern, Händlern, Museumsdirektoren oder Sammlern kannte –, begann er, frei über seine Arbeit zu sprechen. Später erzählte er mir, er hätte das niemals getan, wenn ich auch nur die flüchtigste Beziehung zu diesen Kreisen gehabt hätte, denn solchen Leuten misstraute er.

Ich hatte noch nie jemanden wie ihn kennengelernt. Deswegen machte ich mir, als ich lange nach Mitternacht wieder in meiner Kabine war, Notizen über das, was er gesagt hatte – und das tat ich auch bei späteren Gelegenheiten. In der Hoffnung, dass sie ein paar nützliche Fußnoten in der Geschichte zeitgenössischer Kunst ergeben, habe ich sie im Folgenden transkribiert.

Zunächst erklärte Rothko, dass er beauftragt worden sei, einige große Bilder für die Wände des exklusivsten Saals in einem sehr teuren Restaurant des Seagram Buildings zu malen – „wo die reichsten Dreckskerle von New York sich zum Essen und Protzen treffen werden."

„So einen Auftrag nehme ich nie wieder an", sagte er. „Ich bin inzwischen sogar der Ansicht, dass Gemälde nicht in öffentlichen Räumen ausgestellt werden sollten. Ich habe den Auftrag als Herausforderung angenommen, mit eindeutig bösartigen Absichten. Ich möchte nämlich etwas malen, dass all den großkotzigen Kerlen, die jemals in dem Saal speisen werden, gründlich den Appetit verdirbt. Wenn die vom Restaurant sich weigern würden, meine Wandgemälde aufzuhängen, dann wäre das für mich das größte Kompliment. Aber das werden sie nicht tun. Heutzutage halten die Leute alles aus."

Um die bedrückende Wirkung, die ihm vorschwebte, zu erzielen, benutzte er eine „dunkle Palette, düsterer als alles, was ich bisher gemacht habe."

„Nachdem ich eine Weile daran gearbeitet hatte", sagte er, „bemerkte ich, dass ich unbewusst von Michelangelos Ausmalung des Treppenhauses in der Medici-Bibliothek in Florenz beeinflusst war. Er hat genau die Wirkung erzielt, die ich auch bezwecke – er ruft in den Betrachtern das Gefühl hervor, dass sie in einem Raum eingeschlossen sind, mit vermauerten Türen und Fenstern, so dass ihnen nichts anderes übrig bleibt, als die ganze Zeit mit dem Kopf gegen die Wand zu rennen."

„Bisher habe ich drei vollständige Varianten der Serie für das Seagram gemalt. Die erste war nicht gelungen, also habe ich die Teile als Einzelbilder verkauft. Beim zweiten Mal wusste ich, was ich wollte, habe es aber beim Malen abgewandelt – wahrscheinlich weil ich Angst hatte, dass es zu nüchtern sein würde. Als ich meinen Irrtum bemerkte, fing ich wieder von vorn an und halte mich diesmal streng an das ursprüngliche Konzept. Ich bewahre meine böse Absicht die ganze Zeit im Bewusstsein. Es ist eine starke, motivierende Kraft. Ich glaube, solange sie mich antreibt, kann ich die Arbeit ziemlich schnell zu Ende bringen, sobald wir von der Reise zurück sind."

Doch dann zeigte sich, dass die Wandbilder längst nicht fertig waren, und sie wurden auch nie in dem Speisesaal, den er so verabscheute, aufgehängt.

Rothkos sprachliche Heftigkeit ernst zu nehmen, fiel mir anfangs schwer, denn er sah nicht im entferntesten böswillig aus. Er trank seinen Whiskey-Soda mit offensichtlichem Genuss. Er hatte das runde, strahlende Gesicht und den gemütlichen fülligen Körper eines Mannes, der gerne isst, und seine Stimme klang beinahe fröhlich. Weder damals noch zu einem späteren Zeitpunkt habe ich je erlebt, dass er Verärgerung nach außen gezeigt hätte. Seine Zuneigung zu seiner Frau Mell und seiner Tochter Katie waren auf bewegende Weise offensichtlich, und im Umgang mit Freunden war er geselliger und umsichtiger als die meisten anderen Menschen, die ich kenne. Doch irgendwo in seinem Inneren gärte ein kleiner, hartnäckiger Zorn – gegen nichts im Besonderen, so weit ich das sehen konnte, sondern gegen den traurigen Zustand der Welt im Allgemeinen und der Rolle, die Künstlern darin zugemessen wird.

Er gärte dort schon lange, seit Rothkos Kindheit in Portland, Oregon. Sein Vater, von Beruf Apotheker, war aus Russland in die Vereinigten Staaten gekommen, als Rothko zehn Jahre alt war, und der Junge konnte die Verpflanzung in ein Land, in dem er nie völlig heimisch wurde, nicht verzeihen. Obwohl er selten über seine Eltern sprach, entnahm ich dem Wenigen, dass sie politisch radikal eingestellt waren, wie viele der russischen Einwanderer der damaligen Zeit. Jedenfalls wuchs Rothko, wie er sagte, als „Anarchist auf, lange bevor ich wusste, was es mit der Politik überhaupt auf sich hatte."

„Als ich noch zur Schule ging", erzählte er, „hörte ich Emma Goldmann[44] und die Redner der IWW[45], die damals vielfach an der Westküste auftraten. Ihre naive und kindliche Vision verzauberte mich. Später, irgendwann in den 20er Jahren, verlor ich jeglichen Glauben an die Ideen von Fortschritt und Reform. So wie alle meine Freunde auch. Vielleicht waren wir auch ernüchtert, weil in der Zeit von Coolidge und Hoover alles so erstarrt und hoffnungslos schien. Aber ich bin auch jetzt noch Anarchist. Was sonst?"

---

44 Emma Goldmann (geb. 1869 in Littauen, gest. 1940 in Chicago) war Feministin und Anarchistin.
45 IWW: Gewerkschaftsorganisation der „Industrial Workers of the World".

Während unserer achttägigen Überfahrt machte ich mehrere Male tastende Bemerkungen zur gegenwärtigen Politik, in die ich als kleiner Gefolgsmann und Redenschreiber für Adlai Stevenson[46] involviert war. Rothko gab sich keine Mühe zu verbergen, dass ihn das langweilte. Auch die offizielle Religion langweilte ihn, was er deutlich zu erkennen gab, wenn uns gelegentlich Father Joseph Moody Gesellschaft leistete, ein Priester, der ebenfalls an den meisten Abenden seine Zuflucht in der Bar der Touristenklasse suchte. Unweigerlich kam das Gespräch jedesmal auf die Welt des Künstlers und seine Feinde.

Hier sind zum Beispiel meine Notizen zu Rothkos Ansichten über Kritiker:

„Ich hasse alle Kunsthistoriker, Experten und Kritiker und misstraue ihnen. Sie sind alle miteinander Parasiten, die sich vom Körper der Kunst ernähren. Ihre Arbeit ist nicht nur nutzlos, sie ist auch irreführend. Sie haben über Kunst und Künstler nichts Lohnendes zu sagen außer persönlichem Klatsch – der zugegebenermaßen manchmal interessant sein kann."

Zwei ihm besonders verhasste Kritiker waren Emily Genauer, die seine Bilder in der *New York Herald Tribune* als „in erster Linie dekorativ" beschrieben hatte – für ihn die größtmögliche Beleidigung –, und Harald Rosenberg, den er als „aufgeblasen" bezeichnete.

„Rosenberg", sagte er, „versucht Dinge zu interpretieren, die er nicht verstehen kann und die nicht interpretiert werden können. Ein Bild braucht niemanden, der erklärt, was es bedeutet. Wenn es etwas taugt, dann spricht es für sich selbst, und ein Kritiker, der dieser Aussage etwas hinzufügen will, ist anmaßend."

Wäre Rothko noch am Leben, hätte er Rosenbergs elegische Interpretation seiner Arbeiten im *New Yorker* vom 28. März diesen Jahres lesen können, und er hätte sie gewiss als schlagenden Beweis seiner Sichtweise betrachtet.

Neben den Kritikern verachtete Rothko auch „die ganze Maschinerie, die zur Popularisierung von Kunst da ist – Universitäten, Werbung, Museen, und die Verkäufer auf der 57th Street."

„Wenn eine Ansammlung von Menschen ein Bild betrachtet, kommt mir sofort der Gedanke an Blasphemie. Ich glaube, dass ein Bild sich nur einem außerordentlichen Menschen, der zufällig mit dem Bild und dem Künstler auf einer Wellenlänge ist, vermitteln kann."

---

46 Adlai Ewing Stevenson (1900 – 1965), Politiker und Diplomat, war US-Botschafter bei den Vereinten Nationen und demokratischer Kandidat für das Präsidentschaftsamt

Aus diesem Grund weigerte er sich üblicherweise, seine Bilder zu Gruppenausstellungen auszuleihen. (Außerdem, so vermute ich, widerstrebte es ihm, wenn seine Bilder neben denen von Künstlern gezeigt wurden, die er geringschätzte.) Allerdings war er einverstanden, dass das Museum of Modern Art eine Einzelausstellung seiner Werke plante – ohne jedoch das MoMA von seiner allgemeinen Verurteilung von Museen auszunehmen.

„Ich möchte das ganz klar stellen", sagte er, „die brauchen mich. Ich brauche sie nicht. Die Ausstellung bringt dem MoMA Ehre. Mir bringt sie keine."

Warum war er so voller Bitterkeit gegenüber dem Museum of Modern Art? „Weil es keine Überzeugungen und keinen Mut hat. Es kann nicht entscheiden, welche Bilder gut sind und welche schlecht. Also zieht es sich aus der Affäre, indem es von allem ein bisschen kauft."

Dennoch, als das Museum seine Ausstellung im Jahr 1961 mit einer Vernissage für geladene Gäste eröffnete, war er allem Anschein nach zufrieden mit dem Ereignis. Trotz seiner Geselligkeit war er schüchtern, und da er genau wie seine Bilder ausgestellt war, begann der Abend für ihn mit schrecklichem Lampenfieber. Später, als die Gäste ihm einer nach dem anderen gratulierten – und in den meisten Fällen eine fast ehrfürchtige Bewunderung für sein Werk äußerten –, entspannte er sich und leuchtete voller Freundlichkeit, selbst wenn er mit einem Kurator oder einem Kritiker sprach. Sein Ego war wie das aller Menschen für Lob und Bewunderung offensichtlich nicht unempfänglich.

Rothkos Einstellung zu seinem Werk, die er in unseren Gesprächen in der Schiffsbar und auch später äußerte, erschien mir gelegentlich widersprüchlich. Er bestand darauf, dass ein Gemälde nur von einem „außerordentlichen Individuum" gewürdigt werden könne, in der privaten Sphäre seiner Wohnung. Doch seine Bilder – zumindest die aus seiner späteren Schaffensperiode, für die er so berühmt wurde – waren so groß und auch so teuer, dass sie nur in Museen ausgestellt werden konnten, oder aber in Häusern mit großen, teuren Wänden. Als Anarchist missbilligte er Reichtum und zweifelte an dem Geschmack der Reichen, doch seine Bilder schienen dazu gemacht, in genau deren Hände zu geraten. Außerdem äußerte er wiederholt, dass „kein Bild für sich allein beurteilt werden kann". Er war der Auffassung, dass alles, was ein Künstler hervorbringt, Teil einer fortlaufenden Entwicklung sei und deshalb das gesamte Werk als ein vollständiges Ganzes betrachtet werden müsse. Dieser Einstellung zufolge muss es ein Museum oder eine Privatsammlung sein, die so groß ist, dass sie einen beträchtlichen Teil des Werks des Künstlers dauerhaft ausstellen kann. Wenn da jetzt ein Widerspruch lungert - na wenn schon - niemand hat das Recht zu verlangen, dass ein Künstler widerspruchsfrei ist.

Einmal stellte ich ihm eine dumme Frage: Was, glaubte er, seien seine Bilder wert?

„Was immer ich dafür kriegen kann", sagte er. „Vor fünfzehn Jahren habe ich, wenn ich Glück hatte, sechzig Dollar für ein Bild bekommen. Heute ist mein Preis sechstausend oder mehr. Morgen können es sechshundert sein."

Wie die meisten Menschen, die in der Depression aufgewachsen waren und viele Jahre lang für wenig Geld gearbeitet hatten, war Rothko sich des Wertes von Geld deutlich bewusst. An einem Tag im Jahr 1961 lud Rothko meine Frau und mich in sein Atelier auf einen Drink ein, bevor wir zum Essen in seine Wohnung gingen. Das Atelier war eine umgebaute Turnhalle in den ehemaligen Räumen der YMCA an der Bowery. Drinnen hatte er ein Gerüst aufgebaut, das die genauen Maße des Speisesaals im Seagram Building hatte, für das er die Wandbilder malen sollte. Er hatte sie immer noch nicht zu seiner Zufriedenheit fertig gestellt, und am Tag unseres Besuches hatte er sich davon abgewandt, um an einem anderen Bild zu arbeiten. Es war ein typisches Beispiel seiner späteren Arbeiten: ein ungefähr drei mal fünf Meter messendes Rechteck mit einer Grundierung von deckender Farbe, auf die er drei kleinere Rechtecke in kontrastierenden Farben gemalt hatte.

„Das sieht vielleicht nach einem einfachen Entwurf aus", sagte er, „aber normalerweise brauche ich viele Stunden, um die Proportionen und die Farben richtig hinzubekommen. Alles muss sich zu einem Ganzen zusammenfügen. Wahrscheinlich bin ich im Grunde meines Herzens Klempner."

Auf großen Gestellen entlang einer Wand des Ateliers und in einigen Nebenräumen, offenbar die ehemaligen Umkleideräume, waren weitere riesige Bilder aufgereiht - grob geschätzt mehrere Dutzend. „Ich kann es mir im Moment nicht leisten, sie zum Verkauf zu bringen", erklärte er. „In diesem Jahr muss ich ohnehin schon so viel Einkommenssteuer bezahlen. Und wenn sich meine Preise halten, kann ich nächstes Jahr vielleicht sogar noch mehr dafür bekommen."

Er fügte hinzu, dass es ihn etwas nervös mache, die Bilder zurückzuhalten, denn er kannte - und beklagte - die schnell wechselnden Moden auf dem New Yorker Kunstmarkt. Manchmal sprach er so, als wäre jeder Maler und jede Kunstrichtung mit jedem und jeder anderen in tödlichem Wettbewerb verhakt. Er betrachtete sich selbst als zu einer Gruppe gehörig, zu der auch Motherwell,

Kline, Still und de Kooning gehörten, die er alle achtete. Für Kandinsky und für Ben Shahn – den er einen „billiger Propagandisten" nannte – hatte er jedoch nichts als Verachtung übrig.

„Niemand kann leugnen", sagte er einmal, „dass meiner Gruppe eins gelungen ist: Wir haben den Kubismus vernichtet. Niemand kann heute noch ein kubistisches Bild malen. Aber Picasso haben wir nicht zerstört, der ist heute noch gültig."

Ich konnte nicht widerstehen, ihn zu fragen, ob er eine Ahnung hätte, wer Rothko und die anderen seiner Gruppe eines Tages vernichten würde. „Wenn ich das wüsste, würde ich ihn umbringen", sagte er, und es klang, als meinte er es ernst.

Im nächsten Moment sagte er, er habe keinen Zweifel, dass irgendwann so jemand kommen würde, der ihn vernichten wolle. „Könige sterben heute genauso wie in Frasers *Golden Bough*."

Nach seiner eigenen Schilderung ist er fast zufällig zum Malen gekommen. Er war 1923 nach zwei Jahren des Studiums der Geisteswissenschaften an der Universität in Yale ohne Abschluss abgegangen und nach New York gezogen, ohne eine genaue Vorstellung, was er mit seinem Leben anfangen wollte.

„Eines Tages geriet ich in einen Kunstkurs, wo ich einen Freund abholen wollte, der daran teilnahm. Die Studenten machten Aktzeichnen, und ich beschloss auf der Stelle, das ist das richtige Leben für mich."

Eine Zeit lang nahm er an Max Webers Kurs an der Art Students League teil und versuchte es – nachdem er des Aktzeichnens überdrüssig geworden war – im Alleingang. Viele Jahre lang malte er realistische Bilder und solche Bilder, die von Kritikern später als expressionistisch oder surrealistisch beschrieben wurden. Keins dieser Experimente brachte ihm Ruhm oder viel Geld, und so schloss er sich während der Depression dem WPA Federal Arts Project in New York an. Erst um das Jahr 1947 herum entwickelte er einen Stil, der die Aufmerksamkeit von maßgeblichen Kritikern und Mäzenen – darunter auch Peggy Guggenheim – auf sich zog, und von der Zeit an fanden seine auf farbigem Grund schwebenden Rechtecke ihren Markt, zunächst durch die Betty Parsons Gallery, dann durch die Sidney Janis Gallery. Anfang der sechziger Jahre galt er als einer der Handvoll wichtigsten Maler in den Vereinigten Staaten.

Meine Frau sagte einmal zu ihm, sie glaube, er müsse Mystiker sein, weil seine Bilder, ihr zumindest, ein Gefühl von Magie und Ritual vermittelten, fast schon etwas Religiöses. Er stritt es ab. „Kein Mystiker. Vielleicht Prophet – obwohl ich kein Leiden vorhersage. Ich male nur das bereits bestehende Leiden."

Selbst ich konnte das sehen, in den unvollendeten Seagram-Wandgemälden nämlich. In ihrem späteren Stadium drückten die Farbbfelder – Purpur, Schwarz, Rot wie getrocknetes Blut – ein fast greifbares Gefühl von Verhängnis aus. Und, Rothkos Leugnen zum Trotz, einen fast religiösen Mystizismus. Peter Selz vom Museum of Modern Art beschrieb sie als „ den Tod einer Zivilisation feiern ... ihr Thema könnte Tod und Wiederauferstehung sein, in der klassischen, nicht in der christlichen Mythologie ... ein moderner Todestanz."

Am Schluss kam Rothko zu einer ähnlichen Sichtweise, dass nämlich die Serie von Bildern, auf die er so viel Mühe und Gefühl verwendet hatte, weit mehr darstellten als eine boshafte Geste an ein paar reiche Feinschmecker und einen besseren Ort verdient hatten als einen modischen Speisesaal. Kurz vor seinem Tode veranlasste er, dass sie in einem speziell dafür geschaffenen Gebäude aufgehängt wurden, nämlich in der nicht-konfessionellen Kapelle in Houston, die nach seinen genauen Angaben im Auftrag der de Menil-Familie gebaut worden war.

Nur zweimal hörte ich eine Anspielung von ihm, dass sein Werk möglicherweise Ausdruck eines tief verborgenen religiösen Impulses sei.

Am Ende dieser Reise im Jahr 1959 hielten sich unsere beiden Familien für ein paar Tage in Neapel auf, um sich die üblichen touristischen Attraktionen anzusehen, manchmal getrennt, manchmal zusammen. Nachdem er Pompeji besichtigt hatte, erzählte er mir, dass er zwischen seinen eigenen Arbeiten und den Wandmalereien in der Villa dei Misteri „eine tiefe Verwandtschaft" verspürt habe – „das gleiche Gefühl, die gleichen großen Flächen ernster Farben."

Unsere beiden Familien machten einen Tagesausflug nach Paestum, dem Ort einer antiken griechischen Siedlung, wo die Ruinen der drei interessantesten Tempel westlich von Athen zu finden sind. (Im Zweiten Weltkrieg wurde Paestum von den amerikanischen Truppen als Teil des Salerno-Brückenkopfs eingenommen, und der Tempel des Neptun wurde als Hauptquartier und Kommunikationszentrum beschlagnahmt. Es grenzt an ein Wunder, dass er nicht von deutschem Artilleriefeuer aus den Hügeln ringsum zerstört wurde.)

Auf der morgendlichen Zugfahrt von Neapel machten zwei italienische Jungen – unterwegs in ihren Schulferien – sich mit meinen jugendlichen Töchter bekannt und beschlossen kurzerhand, sich uns anzuschließen. Sie würden sich freuen, sagten sie, uns als Führer zu begleiten – was jedoch ein wenig unpraktisch war, da sie kein Englisch sprachen und niemand von uns Italienisch konnte. Unsere Gespräche, so weit sie überhaupt stattfanden, mussten auf Französisch geführt werden, das die Jungen mangelhaft beherrschten und Nic, meine ältere Tochter, auch nicht viel besser.

Die Ruinen waren noch weit ehrfurchtgebietender als wir nach den Reiseführern erwartet hatten. Den ganzen Morgen gingen wir dazwischen umher. Rothko betrachtete jedes architektonische Detail mit verwunderter Aufmerksamkeit und sprach nur wenig. Mittags besorgte ich in einem Laden in der Nähe Brot und Käse und eine Flasche Wein, und wir ließen uns auf einem schattigen Fleckchen zwischen den Säulen des Hera-Tempels zu einem Picknick nieder. Nic kam kaum zum Essen, weil sie so beschäftigt war, die Fragen der Jungen zu übersetzen. Wer wir waren? Was wir hier machten?

Zu Rothko gewandt sagte sie: „Ich habe ihnen erzählt, dass Sie Künstler sind, und sie wollen wissen, ob Sie hierher gekommen sind, um die Tempel zu malen." „Sag ihnen", antwortete Rothko, „dass ich mein Leben lang griechische Tempel gemalt habe, ohne es zu wissen."

Was ich jetzt sage, ist reine Mutmaßung, aber ich könnte mir denken, dass Rothkos Tod vielleicht auch damit zu tun hat, dass Künstler heute nicht mehr ermutigt werden, Tempel zu malen.

Natürlich war das Jahrhunderte eine ihrer Hauptfunktionen. Kunst war aufs Innigste verknüpft mit Religion, so auch an Orten wie der Villa dei Misteri und später in den Kirchen und Klöstern von Byzanz und in Europa. Die großen Künstler des Mittelalters und der Renaissance waren hauptsächlich damit beschäftigt, durch Fresken, Mosaiken, Porträts, Skulpturen und Kirchenfenster – den visuellen Hilfsmitteln der Zeit – der des Lesens und Schreibens unkundigen Bevölkerung die Geschichten der Bibel nahezubringen. Die Kirche war ihr Hauptauftraggeber. Ihre Rolle in der Gesellschaft war klar und gesichert. Ihre Arbeit war sowohl notwendig als auch ehrenhaft. Ja, fast heilig, da sie als Arbeit im Dienste Gottes verstanden wurde.

Allmählich, mit der Erfindung der Druckerpresse, dem Niedergang der Religion und schließlich mit dem Auftauchen des Photoapparats, verlor diese Funktion ihre Bedeutung. Mit dem Beginn des zwanzigsten Jahrhunderts erfüllten Künstler nicht mehr diese einzigartige Rolle: die Schaffung von Bildern, die ein tief empfundenes Bedürfnis ihrer Kultur befriedigten, und wozu allein sie in der Lage waren. Die Folge davon war unweigerlich, dass viele Menschen die

Arbeit der Künstler als „in erster Linie dekorativ" zu betrachten begannen – Kosmetik für die Gesellschaft statt Nahrung für deren Seele.

In letzter Zeit ist dem Künstler eine noch erniedrigendere Rolle zugewiesen worden: die Produktion von Kunstwerken zur Ausbeutung durch die Kunstwelt – also durch Händler, Kritiker, modische Sammler und Spekulanten. Selbst der Fine Arts Fund, ein auf Gegenseitigkeit beruhender Investitionsfonds, ist kürzlich so umstrukturiert worden, dass er mit Kunstwerken handeln kann. Offensichtlich haben seine Manager kein Interesse an dem, was der Künstler aussagen will, sondern erkennen nur das Wertsteigerungspotenzial. Steigt ein Warhol schneller im Preis als ein Rothko?

Eine solche Frage kann einen Mann wie Rothko in helle Wut versetzen. Oder auch das Urteil eines Kritikers wie John Canaday in seiner Besprechung der Rothko-Ausssstellung im Museum of Modern Art. In erster Linie, so bemerkte er, „fällt dem Künstler heute die Aufgabe zu, Material in fortlaufenden Stufen zu liefern für die ästhetischen Übungen des Kritikers.. Das ist zwar eine frustrierende Umkehrung der Verhältnisse, dennoch ist es legitim – gar keine Frage – in einer Zeit, in der andere Künste die meisten Bedürfnisse befriedigen, die früher von der bildenden Kunst befriedigt wurden, so dass der Malerei nur ihre eher esoterischen Funktionen bleiben. In einer solchen Situation ist es sehr verständlich, dass der Kritiker versucht sein kann, denjenigen Künstler am tiefgründigsten zu finden, der am wenigsten zu sagen hat, einfach weil dieser ihm am meisten Spielraum für ästhetische Taschenspielertricks lässt."

Rothko, so meine Überzeugung, widerstrebte es zutiefst, in die Rolle gedrängt zu werden, wo er „Material" lieferte, ob für Investmentfonds oder für ästhetische Übungen. Ich habe verschiedene Erklärungen für seinen Selbstmord gehört – er sei bei schlechter Gesundheit gewesen, er sei in den letzten sechs Monaten nicht produktiv gewesen, er habe sich von der Kunstwelt, die ihre vorübergehende Aufmerksamkeit jüngeren und weniger begabten Malern zugewandt hat, verstoßen gefühlt. An all dem mag etwas dran sein; ich weiß es nicht. Aber ich vermute stark, dass sein Zorn über die Jahre auch eine Rolle gespielt hat: der berechtigte Zorn eines Mannes, der sich vom Schicksal berufen sah, Tempel zu malen, und dann feststellen musste, dass seine Bilder als Handelsware betrachtet wurden.

Mark Rothko, New York, Frühjahr 1962, Foto: Kurt Blum

Chronologie

Quellen: James E. B. Breslin, *Mark Rothko: A Biography*, Chicago University Press, 1993/*Mark Rothko: Eine Biografie*, Ritter Verlag, Klagenfurt, 1995; Diane Waldman, Chronologie, in *Mark Rothko*, London, Thames and Hudson, 1978; Jessica Stewart, Chronologie, in Jeffrey Weiss, *Mark Rothko*, New Haven, Yale University Press, 1998

1903
Marcus Rothkowitz wird am 25. September in eine kultivierte jüdische Familie in Dwinsk (heute Daugavpils, Lettland) in Russland geboren. Er ist das vierte Kind des Apothekers Jacob Rothkowitz und Anna Goldin Rothkowitz. Marcus geht in ein Cheder, eine traditionelle jüdische Grundschule – das einzige Kind der Familie, das eine religiöse Schule besucht.

1913
Im Sommer wandern Marcus, seine Mutter und seine Schwestern in die Vereinigten Staaten aus. Dort treffen sie auf den Rest der Familie. Der Vater war bereits 1910 nach Portland, Oregon, ausgewandert, wo einer seiner Brüder lebte. Jakob Rothkowitz ist zu diesem Zeitpunkt schon krank. Im September wird Marcus im Alter von 10 Jahren in der Failing School, in einer Sonderklasse für Immigrantenkindern eingeschult.

1914
Im Frühjahr stirbt Jacob Rothkowitz mit 55 Jahren an Darmkrebs. Im September kommt Marcus in die dritte Klasse der Schattuck Elementary School. Im zweiten Trimester wird er in die fünfte Klasse raufgesetzt.

1918–1921
Marcus kommt auf die Lincoln High School. Er interessiert sich für Kunst, Theater und die Klassiker. Er bewirbt sich um einen Studienplatz in Yale und bekommt ein Stipendium. Ende 1921 zieht er nach New Haven, Connecticut, wo er sein Studium in Yale beginnt.

1922–1924
Rothkowitz studiert in Yale die Fächer Philosophie, Mathematik, Ökonomie, Englisch, Französisch, Geschichte, Biologie und Physik. Im Herbst 1923 verlässt er die Universität ohne Abschluss. Er zieht nach New York, und studiert im Januar und Februar dieses Jahres an der Art Students League. Dann kehrt er nach Portland zurück, wo er Schauspielunterricht bei Josephine Dillon nimmt.

1925–1927
Rothkowitz kehrt nach New York zurück. Er bewirbt sich um ein Stipendium für das American Laboratory Theater, das er nicht bekommt. Er beschließt, sich bei der New School of Design einzuschreiben, wo er unter Arshile Gorky studiert. Im Oktober schreibt er sich bei der Art Students League ein, wo er bis Mai 1926 Schüler von Max Weber ist. Von 1925 bis 1928 arbeitet er als Illustrator. Rothkowitz wird offiziell Mitglied der Art Students League, diese Position behält er bis 1930. Rothkowitz illustriert das Buch *The Graphic Bible*. Für die vier Monate Arbeit erhält er fünfhundert Dollar. Er wird als Illustrator nicht genannt und geht gerichtlich gegen den Autor und den Herausgeber des Werks vor, jedoch ohne Erfolg.

1928
Rothkowitz nimmt zum ersten Mal an einer Ausstellung teil, die von Bernard Kafiol, einem Professor der Art Students League, an den Opportunity Galleries in New York organisiert wird. Unter den ausgestellten Künstlern ist Milton Avery. Durch die Vermittlung von Louis Kaufman schließt Rothkowitz Freundschaft mit Avery und dessen Frau. Avery wird zu einem wichtigen Einfluss für Rothkowitz. Rothkowitz nimmt an Zeichen-Kursen teil, den die Averys geben.

1929
Rothkowitz gibt Kindern an der Center Academy im Brooklyn Jewish Center zweimal in der Woche Kunstunterricht. Er arbeitet dort bis 1952.

1932
Rothkowitz heiratet Edith Sachar.

1933
Im Sommer des Jahres hat Rothkowitz seine erste Einzelausstellung am Museum of Art in Portland, Oregon. Er zeigt Aquarelle und Zeichnungen, außerdem werden Arbeiten seiner Schüler von der Center Academy ausgestellt. Im November hat er seine erste Einzelausstellung in New York, in der Contemporary Arts Gallery, wo er fünfzehn Ölgemälde, vorwiegend Porträts, vier Aquarelle sowie drei Kohlezeichnungen zeigt.

1934
Im Sommer nimmt Rothkowitz an drei Gruppenausstellungen in der Uptown Gallery teil und zeigt Sculptress (ein Porträt seiner Frau Edith), *Woman and Cat* sowie *Lesson*. Er veröffentlicht seinen ersten Artikel, „Ein neuer Unterricht für zukünftige Künstler und Kunstliebhaber", im Brooklyn Jewish Center Review. Gegen Ende des Jahres wird er Mitglied der Gallery Secession. Dort zeigt er in einer Gruppenausstellung das Bild *Duet*.

1935
Gallery Secession, New York, „Gruppenausstellung". Rothkowitz zeigt *Nude*. Die der Gallery Secession verbundenen Künstler bilden eine unabhängige Gruppe, die sich „The Ten" nennt. Sie bekennen sich zu den Prinzipien der realistischen Malerei sowie zu der Erforschung von Expressionismus und abstrakter Malerei und bilden eine Opposition zu dem in Kunstkreisen verbreiteten Konservatismus. Die Gruppe trifft sich einmal im Monat im Atelier eines der Mitglieder. Rothko wird Schriftführer.
„The Ten" organisieren ihre erste Gruppenausstellung in der Montross Gallery in New York. Rothkowitz zeigt vier Bilder, darunter *Subway* (1935).

1936
Neue Ausstellung von „The Ten" in den Municipal Galleries, New York. Rothkowitz stellt *Crucifixion* und *The Sea* aus. Die einzige Ausstellung von „The Ten" in Europa findet in Paris in der Galerie Bonaparte statt. Rothkowitz arbeitet für das Federal Art Project im Rahmen der Works Progress Administration (WPA). Montross Gallery, New York, zeigt eine Ausstellung von „The Ten". Rothkowitz zeigt insbesondere *Interior*.

1937
Die Georgette Passedoit Gallery, New York, zeigt eine Ausstellung von „The Ten". Rothkowitz zeigt *Family*.

1938
Rothkowitz wird amerikanischer Staatsbürger. „Second Annual Membership Exhibition: American Artists' Congress Inc.", New York. Rothkowitz zeigt *Street Scene*. „The Ten" werden in der Passedoit Gallery und, als „Whitney Dissenters", in den Mercury Galleries, beide in New York, ausgestellt.

1939
Bonestall Gallery, New York, stellt „The Ten" aus. Nach drei Jahren hört Rothkowitz auf, für die WPA zu arbeiten.

1940
„The Ten" lösen sich auf, als einige aus der Gruppe anfangen, Einzelausstellungen zu machen. Neumann Willard Gallery, New York, zeigt Neue Arbeiten von Marcel Gromaire, Mark Rothko und Joseph Solman. Für die Ausstellung ändert Rothkowitz seinen Namen in „Rothko" , doch erst 1959 wird die Änderung offiziell eingetragen.

1941
Riverside Museum, New York, zeigt „First Annual Federation of Modern Painters and Schulptors Exhibition". Rothko stellt *Underground Fantasy* und *Subway* aus.

1942
R. H. Macy Department Store, New York, macht eine Gruppenausstellung, die von Samuel Kootz organisiert wird. Rothko zeigt *Antigone* und *Oedipus*. Wildenstein and Company, New York, zeigt „Second Annual Federation of Modern Painters and Sculptors Exhibition". Rothko zeigt *Mother and Child*.

1943
Wildenstein and Company, New York, zeigt „Third Annual Federation of Modern Painters and Sculptors Exhibition". Rothko zeigt *The Syrian Bull*. Zusammen mit Adolph Gottlieb entwirft Rothko einen Brief in Antwort auf

eine negative Besprechung von Edward Alden Jewell in der New York Times. Barnett Newman hilft bei der Bearbeitung des Briefes. 460 Park Avenue Galleries, New York: *As We See Them*. Rothko zeigt *Leda*.

1944
Rothko und Edith Sachar lassen sich scheiden. Peggy Guggenheims Galerie Art of this Century, New York: „First Exhibition in America of Twenty Paintings Never Shown in America Before". 67 Gallery, New York: *Forty American Moderns*. Peggy Guggenheim wird Rothkos Agentin.

1945
Art of This Century, New York: „Mark Rothko Paintings". Die erste Einzelausstellung in einer der führenden Galerien in New York. David Porter Gallery, Washington, D.C.: „A Painting Prophecy", 1950. Für den Ausstellungskatalog schreibt Rothko „Persönliche Stellungnahme". 67 Gallery, New York: *A Problem for Critics*. Rothko nimmt an einer Gruppenausstellung teil, in der insbesondere Jackson Pollock und Adolph Gottlieb ausstellen.
Im März heiratet Rothko Mell Beistle. Wildenstein and Company, New York: „Fifth Annual Federaton of Modern Painters and Sculptors Exhibition". Rothko zeigt *Hierophant*. Whitney Museum of American Art, New York: „Annual Exhibition of Contemporary American Sculpture, Watercolors and Drawings". Rothko zeigt *Baptismal Scene*.

1946
Pennsylvania Academy of Fine Arts, Philadelphia: „The One Hundred and Forty-First Annual Exhibition". Rothko zeigt *Landscape*. Mortimer Gallery, New York: „Mark Rothko: Watercolors". Unter anderem stellt er *Gethsemane* und *Tentacles of Memory* aus. San Francisco Museum of Art: „Oils and Watercolors by Mark Rothko". Unter anderem zeigt er *Slow Swirl by the Edge of the Sea*. Whitney Museum of American Art, New York: „Annual Exhibition of Contemporary American Painting". Rothko zeigt *Room in Karnak*.

1947
Betty Parsons Gallery, New York: „Mark Rothko: Recent Paintings".
In den Monaten Juni und Juli ist Rothko Gastdozent an der California School of Fine Arts in San Francisco, wo er zehn Stunden in der Woche unterrichtet.

Whitney Museum of American Art, New York: „Annual Exhibition of Contemporary American Painting". Rothko zeigt *Archaic Fantasy*.
Rothko schreibt den Artikel „Die Iden der Kunst: Zehn Künstler erklären ihre Einstellung zu ihrer Kunst und Zeitgenossenschaft" für die Zeitschrift *The Tiger's Eye*, und den Artikel „Die Romantiker fühlten sich aufgerufen" für die Zeitschrift *Possibilities*.

1948
Whitney Museum of American Art, New York, „Annual Exhibition of Contemporary American Sculpture, Watercolors and Drawings". Rothko stellt *Fantasy* aus. Betty Parsons Gallery, New York: „Mark Rothko: Recent Paintings".
Zusammen mit William Baziotes, David Hare und Robert Motherwell gründet Rothko eine Kunstschule namens „The Subjects of the Artist" wo er einer der Lehrenden ist.

1949
Betty Parsons Gallery, New York: „Mark Rothko: Recent Paintings". Rothko zeigt zehn nummerierte Arbeiten, *No. 1 – No. 10*. Whitney Museum of American Art, New York, „Annual Exhibition of Contemporary American Sculpture, Watercolors and Drawings". Rothko stellt *Brown and Yellow* aus.
Im Frühjahr wird die Akademie „The Subject of the Artist" wegen finanzieller Schwierigkeiten geschlossen. Rothko wieder erneut eingeladen, als Gastdozent an der California School of Fine Arts zu lehren.

1950
Betty Parsons Gallery, New York, „Mark Rothko". Neben anderen Werken stellt er die Bilder *No. 7*, *No. 10* und *No. 11* aus.
Rothko macht zusammen mit seiner Frau seine erste Europareise. Sie fahren nach Frankreich, Italien und England. Whitney Museum of American Art, New York, „Annual Exhibition of Contemporary American Sculpture, Watercolors and Drawings". Rothko stellt das Bild *No. 7A* (1949) aus.
Geburt der Tochter Kathy Lynn.

1951
Rothko wird zum Assistant Professor in der Fakultät für Design am Brooklyn College ernannt, wo er bis 1954 bleibt.

Betty Parsons Gallery, New York: Mark Rothko. Er stellt die Bilder *No. 1 – No. 16* aus. Los Angeles County Museum: „1951 Annual Exhibition: Contemporary Painting in the United States". Rothko stellt das Bild *No. 11* (1951) aus.

1952
Museum of Modern Art, New York: „Fifteen Americans". Rothko wird zusammen mit Künstlern wie Clyfford Still und Jackson Pollock ausgestellt.

1954
Sydney Janis Gallery, New York: „9 American Painters Today". Rothko wird nicht mehr von Betty Parsons vertreten und schließt einen Vertrag mit Sydney Janis. In dessen Galerie hat er 1955 und 1958 je eine Einzelausstellung; von 1954 bis 1964 nimmt er mit Ausnahme des Jahres 1955 an allen Gruppenausstellungen der Galerie teil. Rothko lernt Katherine Kuh kennen, Kunstkritikerin und Kuratorin am Art Institute von Chicago. Seine Ausstellung dort: „Recent Paintings by Mark Rothko". Rothko und Kuh haben einen ausführlichen Briefwechsel.

1955
Sydney Janis Gallery, New York: „Mark Rothko". Clyfford Still und Barnett Newman kritisieren in einem Brief an Janis Rothkos Malerei. Still wirft Rothko einen „Wunsch nach bürgerlichem Erfolg" vor, und Newman bezeichnet ihn als Salonmaler und wirft ihm vor, seine Kunst zu unterminieren.
Im Sommer ist Rothko Gastdozent an der University of Colorado in Boulder.

1957
Im Februar und März ist Rothko „Visiting Artist" an der Newcomb Art School an der Tulane University in New Orleans. Contemporary Arts Museum, Houston: „Mark Rothko". Neben anderen Werken zeigt er die Bilder *No. 7* und *No 15*.

1958
Sydney Janis Gallery, New York: „Mark Rothko". Rothko unterschreibt eine Vereinbarung, wonach Bernard Reis ihn in Verhandlungen mit Sydney Janis vertreten wird. Venedig, „XXIX Exposizione Biennale Internazionale d'Arte". Rothko zeigt *Black over Red, Deep Red and Black, Two Whites, Two Reds* sowie *White and Greens in Blue and Reds*.

Im Juli fängt Rothko mit einem Projekt von Wandgemälden an, das von dem Four Seasons Restaurant im Seagram Building in New York in Auftrag gegeben wurde. Zum ersten Mal entwirft er eine Serie von Bildern, wobei er außerdem ein – für ihn ungewöhnliches – horizontales Format benutzt. Rothko stellt diesen Auftrag nie fertig. Jahre später gehen die Bilder an die Tate Gallery in London. Im Oktober hält Rothko einen Vortrag am Pratt Institute, New York.

1959
Rothko und seine Familie machen ihre zweite Europareise und bereisen Italien, Frankreich, Belgien, die Niederlande und England.

1960
Bernard Reis wird Rothkos finanzieller Berater, Buchhalter und Anwalt. Die Phillips Collection, Washington, D.C.: „Paintings by Mark Rothko
Im November richtet die Phillips Collection einen neuen Saal ein und widmet ihn den drei Rothko-Bildern in ihrem Besitz: *Green and Tangerine on Red* (1956), *Orange and Red on Red* (1954), *Green and Maroon* (1953). Die Phillips Collection ist damit die erste Institution mit einem Rothko-Saal. 1964 erwirbt sie *Ochre and Red on Red* (1954), das in demselben Saal Platz findet.

1961
Museum of Modern Art, New York: „Mark Rothko". Die erste Rothko-Retrospektive, die achtundvierzig Werke umfasst und nach London, Amsterdam, Brüssel, Basel, Rom und Paris reist. Solomon R. Guggenheim Museum, New York: „American Abstract Expressionists and Imagists". Rothko zeigt *Reds No. 22* (1957). Rothko fängt mit der zweiten Auftragsarbeit an, die er in seiner Laufbahn annimmt. Der Auftrag wird von Professor Wassily Leontief, dem Vorsitzenden der Society of Fellows of Harvard University, und John P. Coolidge, Direktor des Fogg Museums, erteilt. Rothko stellt die Wandgemälde 1962 fertig.

1962
Im Herbst löst Rothko, wie auch Gottlieb, Philip Guston und Robert Motherwell, seinen Vertrag mit der Sydney Janis Gallery, als Protest gegen Janis, der den Neuen Realismus und die Pop Art fördert.

1963
Solomon R. Guggenheim Museum, New York: „Five Mural Panels Executed for Harvard University by Mark Rothko". Rothko wird von der Marlborough Fine Arts Gallery unter Vertrag genommen. Christopher H. Rothko, das zweite Kind der Rothkos, wird im Sommer geboren.

1964
Die erste Ausstellung in der Marlborough New London Gallery, London: „Mark Rothko". Im Frühjahr besuchen Dominique und John de Menil Rothko in seinem Atelier und geben eine Serie von Wandgemälden für die katholische Kapelle an der University of Saint Thomas in Houston, Texas, in Auftrag. Die ursprünglichen Pläne für die Kapelle sind von Philip Johnson, der das Projekt aufgibt. Es wird von Howard Barnstone und Eugene Aubry fertig gestellt. Im Herbst beginnt Rothko mit der Arbeit an dem Projekt.

1965
Im März erhält Rothko die Brandeis University Creative Arts Awards.

1966
Die dritte Europareise für Rothko und seine Familie. Die Reise geht nach Portugal, Spanien (Mallorca), Italien, Frankreich, die Niederlande, Belgien und England. In London besucht Rothko die Tate Gallery, die im Jahr zuvor den Wunsch geäußert hatte, einige seiner Werke zu kaufen und ihnen einen Saal zu widmen.

1967
Im April beendet Rothko die Wandgemälde für die Houston Kapelle.
Im Sommer unterrichtet er an der University of California in Berkeley.

1968
Museum of Modern Art, New York: „Dada, Surrealism and Their Heritage". Rothko zeigt *Slow Swirl by the Edge of the Sea*. Die Ausstellung wird auch in Chicago und Los Angeles gezeigt. Im Frühjahr erleidet Rothko ein Aneurysma der Aorta. Er verbringt drei Wochen im Krankenhaus. Seine Ärzte verbieten ihm, Bilder zu malen, die höher als einen Meter sind. Rothko fängt mit Arbeiten auf Papier an und benutzt zum ersten Mal Acrylfarben.

1969

Rothko verlässt seine Familie und zieht in sein Atelier. Trotzdem bleibt er mit seiner Familie in Kontakt. Er wird von der Marlborough Gallery unter Vertrag genommen, die damit für die nächsten acht Jahre sein ausschließlicher Agent wird. Im Juni wird die Mark Rothko Foundation gegründet. Von der Yale University wird Rothko die Ehrendoktorwürde verliehen. Rothko schenkt die neun Wandgemälde, die er für das Four Seasons Restaurant gemalt hatte, der Tate Gallery in London. Er verfügt, dass sie allein in einem dafür überlassenen Saal auszustellen sind.

1970

Am 25. Februar findet Rothkos Assistent Oliver Steindecker den leblosen Körper des Malers in dessen Atelier. Am nächsten Tag erbringt eine Autopsie, dass Rothko an einer Überdosis Barbiturate gestorben ist, nachdem er sich die Pulsadern aufgeschlitzt hatte. Die Gründe, die Rothko zum Selbstmord getrieben haben, sind nach wie vor unklar. In den letzten Jahren seines Lebens war Rothko von Krankheit und der Einnahme von Medikamenten geschwächt. Der Arzt, der die Obduktion vornahm, bestätigte, dass Rothko aufgrund seiner körperlichen Verfassung nicht viel länger gelebt hätte. Außerdem wurde er von Bernard Reis, seinem Berater und Anwalt, und von der Marlborough Gallery unter extremen Druck gesetzt. Am 29. Mai wurde der Rothko-Saal in der Tate Gallery eröffnet. Im August stirbt Mell Rothko, Rothkos Witwe. Danach beginnt der Rechtsstreit zwischen den Erben, den beiden Kindern Kate und Christopher, und der Marlborough Gallery, der zugunsten der Erben entschieden wird.

Index

Aischylos, 65
Agamemnon Trilogy (Aischylos), 65
Apollo, 166
Art Institute of Chicago, 12, 15, 117-135, 140
Art News, 86, 147, 153
Art of this Century, 67, 73, 196
Art Students League, 14, 187, 193
Asher, Elise, 162, 179
Ashton, Dore, 154
Avery, Milton, 10,12, 14, 164, 172-173, 193

Bauhaus, 101, 105
Baziotes, William, 10, 70, 75, 87, 197
Beethoven, Ludwig van, 32, 158
Betty Parsons Gallery, 92, 129, 196-198
Birth of Cephalopods, 68
Bischof, Elmer, 81
Bolotowsky, Ilya, 115
Bongé, Dusti, 150
Bradley, 89, 94
Braque, Georges, 61
Breughel, Pieter, 37
Brooklyn Jewish Academy, 10, 11
Budworth, 123, 124, 126, 127, 133, 134
Byrnes, James, 141

Calcagno, Lawrence, 147

California School of Fine Arts, San Francisco, 12, 77-81, 196, 197
Canaday, John, 190
Carson, Georges C., 51
Cézanne, Paul, 10, 29
Chagall, Marc, 32
Chardin, Jean-Baptiste-Siméon, 37
Cizek, Franz, 22, 25
Contemporary Art Gallery, New York, 10, 67
Corso, Gregory, 162

Degas, Edgar, 37
De Kooning, Elaine, 153
De Kooning, Willem, 162, 187
De Menil, 10, 160, 188, 200
De Staël, Nicolas, 105
Dillon, Josephine, 193

Eisenhower, Dwight D., 176
El Greco, 30
Eye of Man, The, 148

Federal Arts Project, 187
Federation of Modern Painters and Sculptors, 51, 195
Ferber, Herbert, 12, 78, 89, 98, 107, 109, 141, 145, 150, 160, 171, 176, 178
Fine Arts Fund, 190
Fischer, John, 181

Ford, Gordon Onslow, 87

Galerie Bonaparte, Paris, 36, 194
Gatch, Lee, 115
Genauer, Emily, 68, 184
Giacometti, Alberto, 114
Golden Bough, The, 187
Goldman, Emma, 183
Goodrich, Lloyd, 110
Gorky, Arshile, 71, 193
Gottlieb, Adolph, 51, 57, 60-64, 70, 71, 112, 115, 195, 196, 199
Guggenheim, Peggy, 10, 73, 160, 162, 187, 196, 199, 200

Hare, Dave, 10, 197
Horrocks, Sir Brian, 170

Irvine, Rosalind, 152
iww (Industrial Workers of the World), 183

Janis, Sidney, 10, 65, 105, 148, 160, 187, 198, 199
Jeffers, Robinson, 86
Jewell, Edward Alden, 51, 57, 71, 72, 196
Johnson, Inez, 141

Kandinsky, Wassily, 187
Kant, Immanuel, 33
Kierkegaard, Søren, 14, 155
Kohlmeyer, Ida, 159
Kootz, Sam, 86, 87, 96, 195
Kuh, Katharine, 12, 13, 117-135, 140, 196

Kunitz, Stanley, 12, 162, 176, 179
Kunkel, Fritz, 32

Leontief, Wasily, 199
Levine, Gerry, 141
Levine, Morton, 160
Lukens, Petronel, 123, 124, 134
Lurçat, Jean, 61

MacAgy, Douglas, 78, 79, 89
Magazine of Art
Marin, John, 107
Mark Rothko Foundation, 160, 201
Marlborough Gallery, 10, 160, 201
McCray, Porter, 171
Metropolitan Museum of Art, New York, 96
Meyers, John, 162
Michelangelo Buonarotti, 182
Miró, Joan, 112, 154
Modigliani, Amedo, 61
Mondrian, Piet 103-105
Montross Gallery, 36, 194
Moody, Father Joseph, 184
More, Herman, 152
Motherwell, Robert, 8, 10, 12, 17, 74, 75, 83, 87, 89, 98, 107, 109, 141, 171, 186, 197, 199
Mozart, Wolfgang Amadeus, 32, 158
Municipal Gallery, 36
Museum of Modern Art (MoMa), New York, 100, 101, 106, 107, 169, 171, 174, 185, 188, 190, 198, 199, 200
Museum of Modern Art, Portland, 10

Neuman, J. B., 8, 67, 195
Newman, Barnett, 8, 11, 12, 14, 51, 72-76, 89, 92-98, 196, 198
New School for Social Research, 36
New York School, 8, 9, 11, 14, 75, 101
Nietzsche, Friedrich Wilhelm, 14, 33, 136
Nodelman, Sheldon, 12
Novak, Barbara, 176
O'Doherty, Brian, 176, 178
O'Keeffe, Georgia, 107
Omen of the Eagle, 65
Opportunity Gallery, 67

Paalen, Wolfgang, 75, 87
Painting Prophecy, 69, 70, 196
Parsons, Betty, , 92, 129, 196-198
Passedoit, Georgette, 36, 195
Pfister, Oskar, 28, 32
Picasso, Pablo, 14, 29, 32, 61, 62, 87, 154, 187
Piero della Francesca, 30
Plato, 14, 28
Poised Elements, 68
Pollock, Jackson, 70, 71, 75, 105, 112, 170, 196, 198
Portland Museum of Art, 76, 194
Possibilities, 83, 197
Pratt Institute, 13, 14, 154-159, 199
Problem for Critics, A, 71, 196

Rape of Persephone, The, 51, 57
Reid, Norman, 175
Reinhardt, Ad, 8, 95, 178

Reis, Bernard, 160, 174, 175, 180, 198, 199, 201
Rembrandt van Rijn, 61
Rodman, Selden, 148-149
Rosenberg, Harold, 75, 83, 184
Rothko, Christopher, 8, 14, 115, 200, 201
Rothko, Kate, 109, 142, 143, 151, 160, 162, 201
Rothko, Mell (Mary Alice), 72, 74, 76, 77, 79, 81, 87, 88, 89, 90, 92, 93, 94, 97, 99, 109, 145, 160, 162, 164, 183, 196, 201
Rousseau, Jean-Jacques, 14, 32
Rubens, Peter Paul, 62

San Francisco Museum of Modern Art, 76, 196
Sargent, John Singer, 61
Schaeffer, Bertha, 76
Seagram Building, 182, 186, 199
Secession Gallery, 67
Seitz, William, 101-106, 112-116
Selz, Peter, 171, 175, 178, 188
Shahn, Ben, 149, 187
67 Gallery, 71, 196
Slow Swirl at the Edge of the Sea, 68
Smith, David, 122
Smith, Hassel, 81
Solman, Joseph, 115, 195
Spohn, Clay, 12, 14, 78, 80-81, 86-88, 90
Stamos, Theodoros, 160
Stephan, Ruth, 82, 98
Stevenson, Adlai, 184

Still, Clyfford, 72, 78, 81, 86, 88, 89, 92, 94, 108, 146, 186, 198
Syrian Bull, 51, 52, 58, 68, 195

Tate Gallery, 174, 175, 199, 200, 201
The Ten, 36, 67, 115, 194, 195
Tiger's Eye, The, 82, 91, 98, 104, 197
Tizian, 28, 62, 146
Tolstoi, Leo, 32
Tomlin, Bradley Walker, 95
Tulane University, 150, 159, 198

Underground Fantasy (Subway), 114, 195
University of California, Berkley, 176-178, 200
University of Colorado, 141, 198

Velázquez, Diego, 62
Veronese, 62
Viola, Wilhelm, 25

Walkowitz, Abraham, 108
Warhol, Andy, 190
Weber, Max, 10, 14, 67, 187, 193
White and Black on Wine, 169
Whitechapel Gallery, 167, 170
Whitney Museum of American Art, 36, 59, 110, 148, 152, 195, 196, 197
WPA Federal Arts Project, 187

Yale University, 10, 11, 14, 67, 145, 180, 187, 192, 193, 201
Yorkshire Post, 170